FONDEMENTS
DE LA
MÉTAPHYSIQUE
DES MŒURS

QU'EST-CE QUE
LES LUMIÈRES ?

FONDEMENTS DE LA MÉTAPHYSIQUE DES MŒURS

QU'EST-CE QUE LES LUMIÈRES ?

KANT

Présentation et notes
Thomas Dussert

LES ÉDITIONS
CEC

9001, boul. Louis-H.-La Fontaine, Anjou (Québec) Canada H1J 2C5
Téléphone : 514-351-6010 • Télécopieur : 514-351-3534

Direction de l'édition
Philippe Launaz

Direction de la production
Danielle Latendresse

Direction de la coordination
Rodolphe Courcy

Charge de projet
Réalisation graphique
Les productions Faire Savoir inc.

Traduction
Fondements de la métaphysique des mœurs,
traduit de l'Allemand par Victor Delbos
(1862-1916) à partir de l'édition de 1792;
Qu'est-ce que les Lumières?, traduit de
l'Allemand par Jules Barni (1818-1878).

Sources iconographiques supplémentaires
Page couverture, portrait de Kant
Pour tous les documents mis à disposition
aux conditions de la licence *Creative Commons*
(version 3.0 et précédentes), les adresses sont
les suivantes:
CC-BY (*Paternité*) : <creativecommons.org/
licenses/by/3.0/deed.fr_CA>
CC-BY-SA (*Paternité - Partage des conditions
initiales à l'identique*): <creativecommons.org/
licenses/by-sa/3.0/deed.fr_CA>
CC-BY-ND (*Paternité - Pas de modification*):
<creativecommons.org/licenses/by-nd/
3.0/deed.fr_CA>

Les Éditions CEC inc. remercient le gouvernement du Québec de l'aide financière accordée à
l'édition de cet ouvrage par l'entremise du Programme de crédit d'impôt pour l'édition de livres,
administré par la SODEC.

Fondements de la métaphysique des mœurs. Qu'est-ce que les Lumières?

Dépôt légal: 2011
Bibliothèque et Archives nationales du Québec
Bibliothèque et Archives Canada

ISBN: 978-2-7617-3264-2

Imprimé sur papier contenant 100 % de fibres
recyclées postconsommation.

Imprimé au Canada
1 2 3 4 5 15 14 13 12 11

Titres déjà parus dans la collection
PHILOSOPHIES VIVANTES

Consultez la liste à jour des titres de la collection sur notre site Internet à l'adresse
www.editionscec.com

TABLE DES MATIÈRES

Portrait d'Emmanuel Kant (18e siècle).

KANT :
ÉLÉMENTS DE BIOGRAPHIE

Emmanuel Kant est né le 22 avril 1724 à Königsberg, en Prusse Orientale (aujourd'hui Kaliningrad en Russie). C'est là qu'il passa la majeure partie de sa vie, qu'il enseigna et qu'il écrivit tous les livres qui ont fait de lui l'un des philosophes les plus influents de la période moderne. C'est là également qu'il est mort, à l'âge de 79 ans. S'il a très peu voyagé, il était en revanche un véritable citoyen cosmopolite de son époque, le Siècle des Lumières, dont il incarnait les aspirations et les valeurs fondamentales : l'humanisme, la tolérance, l'optimisme scientifique et la croyance en la puissance de la raison comme moyen de nous délivrer de la tyrannie des monarchies absolues, de l'obscurantisme et de la barbarie des guerres de religion. C'est donc depuis sa ville natale qu'il a vécu les péripéties de son siècle – les innombrables progrès scientifiques, la création de l'*Encyclopédie*, les révolutions américaine et française – et qu'il a confronté ses idées à celles de ses contemporains – notamment Rousseau et Hume – contribuant à générer en Europe un espace public critique, lieu fertile d'échange d'idées, et dont l'héritier direct est notre monde moderne, avec ses médias multiples et accessibles, son goût de la liberté d'opinion et d'expression, et sa foi aux progrès technique, scientifique et politique.

Les années de formation

Originaire d'un milieu modeste – son père était un artisan sellier – et très religieux – sa mère était adepte du piétisme, branche du protestantisme luthérien prônant la dévotion et un strict respect du devoir –, Emmanuel Kant suivit d'abord l'enseignement classique (latin et catéchisme) d'un pasteur piétiste au Collège Frédéric, de 1732 à 1739, puis entra en 1740 à l'Université de Königsberg où il étudia la théologie, la philosophie, les mathématiques et la physique newtonienne. La mort de son père en 1747 le contraint à interrompre ses études avant d'obtenir son diplôme afin de gagner sa vie. Il devient alors précepteur et enseigne à des enfants de la noblesse prussienne pendant huit ans dans les environs de Königsberg. C'est le seul épisode de la vie de Kant où celui-ci dut quitter sa ville natale, jusqu'à ce qu'il termine sa dissertation d'habilitation en 1755, intitulée *Nouvelle Explication des premiers principes métaphysiques*. Il put alors enseigner à l'Université de Königsberg à titre de *Privatdozent*, c'est-à-dire enseignant libre et payé par ses étudiants. Il connut un relatif succès dans cette fonction qu'il occupa jusqu'en 1770, quand il fut nommé professeur titulaire de l'Université de Königsberg après avoir présenté une dissertation intitulée *De la Forme des principes du monde sensible et du monde intelligible*. Il continua à enseigner presque jusqu'à sa mort dans l'Université qui l'avait formé.

La ville de Königsberg, fondée en 1255 par le roi Ottokar II de Bohème. Son nom signifie « la montagne du roi », tout comme Montréal au Québec. Sur la gravure, on aperçoit la maison de Kant, en bas à gauche, et le château en arrière plan.

Une œuvre de maturité

Lors de sa nomination comme professeur titulaire en 1770, Kant a 46 ans. S'il est déjà reconnu et respecté comme professeur et comme savant, il n'a pas encore écrit les livres qui le consacreront. C'est après l'âge de 57 ans qu'il rédigera ses œuvres majeures, les trois « Critiques » – *Critique de la raison pure* en 1781, *Critique de la raison pratique* en 1788 et *Critique de la faculté de juger* en 1790 –, ainsi que tous ses textes qui sont passés à la postérité – *Qu'est-ce que les Lumières ?* En 1784, *Fondements de la métaphysique des mœurs* en 1785, *Essai philosophique sur la paix perpétuelle* en 1795 et son dernier livre, *Anthropologie d'un point de vue pragmatique* en 1798. Ainsi son œuvre est tardive, et elle est une œuvre de maturité : il met souvent de longues années entre l'annonce d'un projet et sa réalisation. En 1772, il révèle dans une lettre à son ami et ancien élève Marcus Herz son projet de la *Critique de la raison pure* qu'il compléta 9 ans plus tard. Le projet de la « métaphysique des mœurs » est signalé dans un chapitre de cette première *Critique* de 1781, tandis qu'il en établit en 1785 les « Fondements », ou plutôt *la* fondation (*Grundlung* en allemand étant au singulier) dans le texte présenté ici. Mais Kant attendra jusqu'en 1797 pour déduire tous les devoirs moraux de cette « fondation » de la morale – qui, comme nous allons le voir, est le principe de la dignité humaine – dans un de ses derniers ouvrages intitulé simplement *La métaphysique des mœurs*.

À propos des cinquante années que Kant passe à Königsberg comme enseignant en philosophie, les biographes rapportent une routine méticuleusement réglée, d'une monotonie quasiment mythique – on raconte notamment que Kant faisait une promenade quotidienne, toujours à la même heure, à tel point que ses voisins pouvaient régler leur horloge sur son passage ! L'histoire raconte aussi que Kant a modifié le trajet de sa promenade à seulement deux reprises : en 1762 pour aller chercher une copie du *Contrat Social* de Jean-Jacques Rousseau, œuvre qui influença beaucoup la pensée politique de Kant, et en 1789 pour se procurer le journal après l'annonce de la Révolution française, un événement qui a énormément intéressé ce philosophe de la liberté, pour qui un peuple avait le droit, tout autant qu'un individu, de lutter contre les conditions politiques de son oppression.

Au-delà du caractère anecdotique de ces récits, on peut retenir que Kant était un homme d'une régularité sans faille, et aussi qu'il était matinal : il se couchait et se levait tôt, travaillait toujours le matin à l'enseignement, à la lecture et à l'écriture, puis recevait chez lui pour le dîner presque tous les jours. Malgré l'apparente monotonie de sa vie – il n'a jamais voyagé, ne s'est pas marié et l'on ne raconte aucune histoire

Kant avec ses compagnons de table, par Emil Doerstling (1893).
On raconte qu'il recevait à dîner presque tous les jours.

frivole à son sujet – et l'apparente austérité de sa pensée – comme par
exemple l'idée que nous ayons des devoirs absolus qui ne souffrent
aucune exception –, Kant était un homme affable qui appréciait la compagnie et avait une vie sociale très riche. C'est seulement après son dîner
tardif qu'il faisait sa fameuse promenade quotidienne – peut-être pour
digérer, ou plus vraisemblablement pour cogiter et laisser travailler
en son esprit ces œuvres qui mettaient tant de temps à mûrir. Et ce lent
travail de méditation a sûrement été nécessaire à la maturation d'une
pensée si rigoureuse, si systématique, si impressionnante par sa capacité à synthétiser les courants de pensée de la philosophie moderne.

Une révolution métaphysique

En effet, si Kant n'a pas voyagé physiquement, il a suivi un parcours
intérieur fascinant, et c'est dans l'évolution et l'achèvement de sa
philosophie que l'on peut repérer les aventures et les rebondissements
absents de l'enchaînement monotone des événements de sa vie. Dans
sa jeunesse, Kant était adepte de l'idéalisme de Leibniz et de Wolff, qui
affirmaient que la réalité est spirituelle et non matérielle – cette position
métaphysique s'appelle *l'idéalisme*, par opposition au *matérialisme* –, et

que par conséquent la raison était capable d'en rendre compte. Cette question de l'accès de la conscience à la réalité fascinait Kant : comment savoir si j'accède véritablement à la réalité elle-même, aux choses en elles-mêmes, ou bien seulement aux contenus de ma perception ? Et si je ne peux saisir que les contenus de perception, comment puis-je savoir si ceux-ci correspondent véritablement aux choses elles-mêmes, puisque je n'y ai pas accès ? La réponse des idéalistes – ma raison me permet de connaître la réalité, mais celle-ci existe en elle-même, indépendamment de mon esprit et de mes contenus de perception – ne satisfaisait pas entièrement Kant, parce qu'elle laisse la place au dogmatisme, c'est-à-dire à l'affirmation de l'existence de vérités absolues auxquelles nous sommes contraints d'adhérer[1].

C'est en lisant le philosophe anglais empiriste et sceptique David Hume que Kant s'est, dans ses propres mots, « réveillé de son sommeil dogmatique », et c'est grâce à lui qu'il a pu articuler sa critique de l'idéalisme et développer sa propre métaphysique. Pour Hume, et contrairement aux idéalistes, la nature de la réalité n'est pas spirituelle mais matérielle – il était un *matérialiste* –, et ce n'est pas grâce à la raison que nous pouvons la connaître mais au moyen des sens. D'une part, notre connaissance des objets reposerait entièrement sur nos perceptions de ces objets – cette position s'appelle *l'empirisme* – et, d'autre part, il serait impossible d'avoir des certitudes métaphysiques, c'est-à-dire d'affirmer quelque vérité absolue que ce soit, comme l'existence de Dieu,

David Hume (1711-1776), grand penseur des Lumières écossaises, fut l'un des fondateurs de l'empirisme moderne.

des âmes immatérielles ou de la relation de cause à effet, puisque cela nécessiterait des démonstrations qui vont au-delà de la simple perception – c'est en cela que l'on peut dire que Hume est un *sceptique*.

---

1. Voir à ce sujet la section « Un rationalisme anti-dogmatique » dans « Les thèmes ».

Kant rejetait l'empirisme de Hume; il ne croyait pas que les sens nous donnent une connaissance du réel, et pensait plutôt que la raison a un rôle central à jouer dans le processus de cognition. Cependant, il était profondément interpellé par le scepticisme de Hume: en effet, comment puis-je savoir avec certitude que la réalité que je perçois et que je peux décrire est bel et bien telle que je la perçois et que je la décris? La solution de Kant à ce problème consiste en une synthèse du scepticisme de Hume et de l'idéalisme de Leibniz, et un retournement complet du problème de la connaissance: la raison n'a pas accès aux choses en elles-mêmes mais seulement aux perceptions de ces choses, à leur apparence. Elle est toutefois capable de connaissance; cependant ce ne sont pas les objets *en eux-mêmes* qu'elle connaît – la réalité *nouménale* – mais les objets *comme je les perçois*, en tant qu'ils sont des objets de la raison – la réalité *phénoménale*. Autrement dit, la raison travaille avec des structures, des concepts, des « catégories » qui lui permettent de produire du sens avec la réalité, même si elle ne travaille pas directement avec les objets qui composent cette réalité. Il ne faut donc pas se demander si la réalité correspond à la connaissance que j'en ai, si l'objet que je perçois et que je conçois est bien, dans sa nature profonde, tel que je le perçois

Kant donnant une conférence devant des officiers russes, tableau de I. Soyockina / V. Gracov.

ou le conçois puisque je n'ai pas accès à cette nature profonde. La tâche de la philosophie, une fois ce renversement accepté, va consister à élaborer le plus rigoureusement possible le fonctionnement de la raison, puisque c'est cette faculté qui me permet de comprendre la réalité *phénoménale*, la seule à laquelle j'aie accès.

Il s'agit bel et bien d'un bouleversement complet de la question de la connaissance, que Kant a lui-même comparé à la « révolution copernicienne », ce changement de paradigme de la conception géocentrique à la conception héliocentrique de l'Univers. Car si l'on suit la métaphysique kantienne, on accepte que ce ne soient pas les objets qui sont au centre du processus de connaissance, mais bien le sujet lui-même – tout comme Copernic plaçait le Soleil, et non plus la Terre, au centre de l'Univers. Avec Kant, la raison joue un rôle actif dans le processus de connaissance : elle ordonne le réel dans des catégories qui lui permettent de le structurer en des connaissances rationnelles. La connaissance ne résulte pas d'une observation passive du monde mais du travail de la raison à partir des phénomènes que les sens nous révèlent. Ce n'est pas la réalité qui produit les connaissances, c'est plutôt la raison qui structure la réalité et qui, en un sens, la produit – du moins la réalité phénoménale, puisque de la réalité nouménale, je ne peux rien dire ni rien connaître. Ce changement radical dans la façon de penser la relation entre le sujet connaissant et l'objet de la connaissance a été réalisé dans la *Critique de la raison pure* de 1781, alors que Kant avait 57 ans, un travail déjà annoncé, comme nous l'avons dit, neuf ans plus tôt. Pour le réaliser, il aura fallu à Kant le temps d'intégrer et de « digérer » toutes ces positions antagonistes – le rationalisme et l'empirisme, l'idéalisme et le matérialisme – afin de faire ressortir une nouvelle voie pour la philosophie, voie qui demeure, aujourd'hui encore, indépassable pour certains et incontournable pour tous.

Toutefois, l'apport de Kant à la philosophie ne se limite pas à la question de la relation de connaissance entre le sujet et l'objet dont nous avons parlé, mais s'étend à tous les domaines de la philosophie – l'esthétique, la philosophie politique, la philosophie du droit et, comme nous allons le voir dans cet ouvrage, l'éthique. S'il vécu une vie plutôt monotone et régulière, son cheminement intellectuel fut au contraire plein d'imprévus, riche en rencontres et en découvertes.

Kant est mort le 12 février 1804, déjà connu de ses contemporains mais pas encore le philosophe influent qu'il est devenu depuis. On raconte que ses derniers mots furent « *Es ist gut* » : « C'est bien ». On fit inscrire sur sa tombe cette phrase, tirée de la *Critique de la raison pratique* : « Le ciel étoilé au-dessus de moi ; la loi morale en moi ».

REPÈRES HISTORIQUES ET CULTURELS

Histoire et science	Emmanuel Kant	Culture et philosophie
1648 Traité de Westphalie – fin des guerres de religion		1641 Descartes, *Méditations métaphysiques*
1685 Révocation de l'édit de Nantes – la persécution des protestants recommence en France		
1687 Newton, théorie de la gravitation universelle		
1714 Fahrenheit, invention du thermomètre	1724 Naissance à Königsberg	1714 Leibniz, *La Monadologie*
1715 Mort de Louis XIV		
1736 Découverte du caoutchouc	1740 Études de théologie et de philosophie à l'Université de Königsberg	1726 Newton, *Principes mathématiques de philosophie naturelle*
1740 Début du règne de Frédéric II de Prusse		1739-1740 Hume, *Traité de la nature humaine*
		1741 Hume, *Essais moraux et politiques*
		1742 Haendel, *Le Messie*
		1743 D'Alembert, *Traité de dynamique*
	1747 Mort de son père et début de son enseignement comme précepteur	1747 La Mettrie, *L'homme-machine*
		1748 Montesquieu, *De l'esprit des lois*
		1749-1778 Buffon, *L'histoire naturelle*
		1751 Diderot, premier tome de l'*Encyclopédie*
		1752 Voltaire, *Micromégas*
	1755 Dissertation d'habilitation et début de son enseignement comme *privatdozent* à l'Université de Königsberg	1755 Rousseau, *Discours sur l'origine et les fondements de l'inégalité parmi les hommes*
		1758 Helvétius, *De l'esprit*
1756 Frédéric II envahit la Saxe : début de la guerre de Sept Ans		1759 Volaire, *Candide ou l'optimisme*

Histoire et science	Emmanuel Kant	Culture et philosophie
		1761 Diderot, *Le neveu de Rameau*
		1762 Rousseau, *Du contrat social*
		1770 D'Holbach, *Système de la nature*
1770 Professeur titulaire de logique et de métaphysique		1771 Herder, *Sur l'origine du langage*
1771 Découverte de l'oxygène et de l'azote		
1774 Lavoisier, fondements de la chimie		1774 Goethe, *Les souffrances du jeune Werther*, œuvre phare du *Sturm und Drang*
1776 Indépendance des États-Unis		1776 Smith, *La richesse des nations*
	1781 *Critique de la raison pure*	1782 Laclos, *Liaisons dangereuses*
	1783 *Prolégomènes à toute métaphysique future qui voudra se présenter comme science*	
	1784 *Idée d'une histoire d'un point de vue cosmopolitique*	
	1784 *Réponse à la question : « Qu'est-ce que les Lumières ? »*	
1784 Watt, machine à vapeur	1785 *Fondation de la métaphysique des mœurs*	
1786 Frédéric-Guillaume II succède à Frédéric le Grand		
1787 Édit de Versailles – fin de la persécution des protestants en France		1787 Mozart, *Don Giovanni*
1787 Cartwright, machine à tisser		
1788 Frédéric-Guillaume II réinstaure la censure pour protéger la religion contre les Lumières	1788 *Critique de la raison pratique*	1788 De Staël, *Lettres sur les ouvrages et le caractère de Jean-Jacques Rousseau*
1789 Prise de la Bastille et début de la Révolution française		1789 Bentham, *Introduction aux principes de morale et de jurisprudence*
1791 Frédéric-Guillaume II de Prusse met en garde les royaumes européens contre la Révolution française	1790 *Critique de la faculté de juger*	1791 Bentham, *Panoptique ou Maison d'inspection*

Histoire et science	Emmanuel Kant	Culture et philosophie
1792 Georges Washington est élu premier président des États-Unis		
1793 Louis XVI est guillotiné sur la Place de la Révolution à Paris	1793 Subit la censure pour *La religion dans les limites de la seule raison*	
1794 Abolition de l'esclavage dans les colonies françaises par les révolutionnaires	1795 *Essai philosophique sur la paix perpétuelle*	1795 Sade, *La philosophie dans le boudoir*
	1796 *Doctrine du droit*, première partie de la *Métaphysique des mœurs*	
	1797 *Doctrine de la vertu*, seconde partie de la *Métaphysique des mœurs*	
	1797 *Sur un prétendu droit de mentir par humanité*	
	1798 *L'anthropologie d'un point de vue pragmatique*	
1799 Coup d'État de Napoléon en France – fin de la Révolution française		
1802 Rétablissement de l'esclavage dans les colonies françaises par Napoléon-Bonaparte	1804 Mort à Königsberg	

Page frontispice de l'*Encyclopédie*** (1751-1772) dans laquelle Diderot et D'Alembert souhaitaient rassembler tout le savoir. Cette œuvre symbolise l'esprit des Lumières par sa foi dans le pouvoir de la raison.

LE CONTEXTE POLITIQUE ET CULTUREL DES *FONDEMENTS DE LA MÉTAPHYSIQUE DES MŒURS* ET DE *QU'EST-CE QUE LES LUMIÈRES*?

Kant vécut durant le 18ᵉ siècle, qui fut sans doute l'un des plus fascinants de l'histoire européenne. Également surnommé le Siècle des Lumières, c'est le siècle de la raison, de la science et de l'humanisme. Kant fut tout à la fois un moteur de ce mouvement et porté par lui. Comprendre le contexte politique et culturel dans lequel il a vécu, écrit et enseigné, c'est donc avant tout dépeindre ce Siècle marqué par la Révolution scientifique et de profondes transformations politiques. Dans un deuxième temps, nous mettrons plus particulièrement en contexte la morale de Kant, et nous présenterons trois points de réflexion éthique qui marquèrent le 18ᵉ siècle : la question des sentiments, du bonheur et de la liberté.

LE SIÈCLE DES LUMIÈRES

L'expression « Siècle des Lumières » désigne un mouvement à la fois culturel et politique qui a marqué l'histoire européenne au 18ᵉ siècle. Ce sont les historiens qui ont consacré cette appellation, mais elle s'était déjà manifestée durant le Siècle par ceux qui cherchaient à expliquer la particularité de leur époque. Ainsi, en décembre 1784, Kant écrit dans un journal allemand, la *Berlinsche Monatschrift*, une *Réponse à la question : Qu'est-ce que les Lumières?*[2], question qui avait été posée un an plus tôt par un éditeur du journal, alors que l'expression commençait à être utilisée. La réponse de Kant à cette question est à la fois un plaidoyer pour la liberté d'expression, un appel à l'audace intellectuelle de ses contemporains pour permettre l'essor de la science, et un hommage

---

2. Ce texte est reproduit en intégralité dans cet ouvrage.

à Frédéric II dont le règne tire à sa fin. Afin de bien comprendre ce texte, ainsi que la morale de Kant, il est nécessaire d'avoir à l'esprit ce qu'était cet *âge des Lumières* : en premier lieu, un mouvement d'essor de la raison, une foi en sa capacité d'expliquer et de maîtriser la nature et de contribuer au gouvernement des nations ; en deuxième lieu, l'expression d'une quête de liberté à travers les idéaux politiques des philosophes, mais aussi à travers les révolutions française et américaine que ces idéaux ont alimentées.

Les « Lumières de la raison »

Le mot « lumières » est employé dans presque toutes les langues européennes pour désigner ce mouvement culturel et politique, et les « lumières » dont il est question ici sont bien sûr les « lumières de la raison » qui s'opposent à l'obscurantisme des siècles précédents, marqués par l'influence de la religion sur la science, la politique et la morale. Les 16e et 17e siècles ont été la scène d'une crise de la chrétienté : le protestantisme s'est dressé contre la rigueur et la hiérarchie du catholicisme, qui a réprimé dans le sang ce mouvement de contestation. Ce sont deux siècles de guerres de religion qui se sont accompagnés, du côté de la science, par la censure de tout texte qui remettait en question le dogme de la religion catholique. Ce fut le cas notamment avec Galilée qui dut se rétracter sous la menace du bûcher. Ainsi, les lumières de la raison sont venues éclairer au 18e siècle la noirceur de l'ignorance, de la violence intellectuelle et physique du dogmatisme religieux.

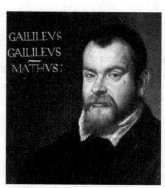

Galileo Galilei (1564-1642). Astronome, mathématicien et physicien, il perfectionna le modèle héliocentriste de Copernic mais fut forcé à abjurer par le tribunal de l'Inquisition. Tableau de Domenico Tintoretto (1607).

La Révolution scientifique

L'essor de la raison au Siècle des Lumières se manifeste en premier lieu par la Révolution scientifique, dont le point de départ fut ce que Kant nomma, dans la *Critique de la raison pure*, la « révolution copernicienne». Ce terme désigne un ensemble de transformations dans les méthodes scientifiques et les fondements philosophiques de la science, transformations qui accompagnèrent le développement du modèle *héliocentrique* de représentation de l'Univers – qui affirme que la Terre tourne autour du Soleil –, développé par Copernic au 16e siècle et perfectionné par Kepler et Galilée au siècle suivant. Ces transformations conduisirent à l'émancipation de la science vis-à-vis de la religion ainsi qu'au développement de la méthode scientifique moderne dont René Descartes (1596-1650) posa les jalons dans son *Discours de la méthode* (1637). La découverte de l'héliocentrisme est bel et bien une révolution, parce qu'elle nous oblige à repenser la place de l'Homme, non plus au centre de l'Univers, mais sur un astre parmi tant d'autres, et donc à relativiser l'importance de notre présence dans le monde. C'est dans la lignée de cette découverte qu'il faut comprendre le *Micromégas* de Voltaire (1752), ce conte philosophique où un extra-terrestre visite la Terre et trouve les humains incroyablement imbus d'eux-mêmes. On peut aussi comprendre comme un effet de la révolution copernicienne le développement, au 19e siècle, de la théorie de l'évolution des espèces par Lamarck puis Darwin, puisqu'elle participe de ce phénomène de relativisation de la place de l'être humain dans l'Univers : l'Homme n'est plus l'aboutissement de la création divine, mais une espèce animale parmi d'autres, cousin des singes, s'inscrivant dans l'histoire de la vie sur Terre – celle-ci étant comprise comme un accident plutôt que comme la manifestation d'une volonté divine.

L'une des hypothèses des défenseurs du modèle héliocentrique était que la Terre était sphérique, contrairement à ce que les théologiens enseignaient à cette époque. Or, cette hypothèse trouva une confirmation irréfutable non pas grâce au travail des scientifiques, mais grâce aux découvertes des explorateurs : à la même époque que Copernic élaborait sa nouvelle représentation de l'Univers, Vasco de Gama, Christophe Colomb et Magellan parcouraient les océans et découvraient des contrées alors inconnues des Européens. Ils n'étaient pas animés par une soif de connaissance, mais par une motivation commerciale : il cherchaient la « route des épices », c'est-à-dire un chemin plus court pour rejoindre l'Asie. En plus d'apporter une confirmation au modèle héliocentrique, l'exploration du monde permit la découverte des civilisations amérindiennes et océaniennes, et contribua ainsi à relativiser la place des Européens dans le monde. Ce phénomène, en

Conception de l'Univers de Copernic (1473-1543)
parue dans son ouvrage *De revolutionibus Orbium
Coelestium* (« *Sur les révolutions des sphères célestes* »).
On distingue l'orbite des planètes autour du Soleil et de la
Lune autour de la Terre.

marge de la Révolution scientifique et pourtant complice de cette dernière, bouleversa les prétentions à l'universalité de la morale chrétienne
en y introduisant un relativisme contre lequel Kant érigea son propre
système moral.

Le deuxième épisode marquant de cette Révolution scientifique est
le développement au 17e siècle de la théorie de la gravitation par Isaac
Newton. Cette théorie explique la chute des corps, mais aussi le mouvement des astres, par la *force gravitationnelle* générée par la masse des
planètes. Elle marque un point charnière dans l'histoire de la science en
premier lieu parce qu'elle permet d'expliquer des phénomènes naturels selon un modèle mathématique déductif. Elle fut étudiée en profondeur par Kant et elle est encore aujourd'hui utilisée pour prédire les
cycles de la lune, les éclipses, le passage des astéroïdes ou encore pour
calculer la trajectoire des navettes spatiales et des satellites. L'autre

grande nouveauté qu'introduit cette théorie est la *conception mécanique* de la
nature : l'Univers est comme une gigan-
tesque machine qui obéit à des lois. Cette
conception n'est d'ailleurs pas seulement
appliquée à l'Univers, mais également à
l'être humain, qui en fait partie. On la retrouve notamment chez Descartes dans
son *Traité des passions de l'âme*, puis plus
tard chez Julien Offray de La Mettrie
(1709-1755) dans son ouvrage *L'homme-
machine*. Bien qu'en phase avec les idées
scientifiques de son époque, Kant partageait seulement en partie cette conception
de l'être humain. Dans la *Critique de la raison pure*, il décrit le fonctionnement de la
raison comme obéissant à des lois immuables, ce qui le place dans la continuité
des conceptions mécanistes de l'être hu-

**René Descartes (1596-
1650)**, philosophe rationaliste, auteur d'une conception
mécaniste de l'être humain et
considéré comme l'un des
fondateurs de la méthode
scientifique moderne. Portrait
par Franz Hals (v. 1649).

main ; cependant, il rejette le matérialisme de La Mettrie. Car si l'on dit
que l'Homme est semblable à une horloge, il s'en suit qu'il n'a aucune
liberté – ainsi la conception de l'être humain de La Mettrie est *détermi-
niste*[3] –, or pour Kant l'être humain est libre – c'est même un aspect
central de sa philosophie morale. Également, dans la *Critique de la
faculté de juger*, Kant dit que l'être humain ne peut être comparé à une
horloge puisque celle-ci n'a pas le pouvoir de se reproduire. Il fait ainsi
la distinction entre la *force motrice* – dont toutes les machines, y compris les êtres humains sont doués – et la *force formatrice* – dont seuls les
êtres vivants sont capables.

Enfin, la Révolution scientifique fut accompagnée de la création de
l'*Encyclopédie ou Dictionnaire raisonné des sciences, des arts et des métiers*
édité entre 1751 et 1772 par Diderot et D'Alembert, deux
figures phares des Lumières françaises. Ce vaste projet, emblématique
de l'esprit des Lumières, entendait rassembler en un seul ouvrage toutes
les connaissances scientifiques que la raison a pu produire jusqu'à cette

---

3. Au sujet du déterminisme, voir la section « Le libre arbitre face aux déterminismes » dans « Les thèmes ».

époque. Nos encyclopédies actuelles – y compris cette nouvelle forme d'encyclopédie participative qu'est Wikipédia – sont les héritières de ce projet. Il faut mettre en parallèle avec le projet encyclopédique l'appel de Kant, dans *Qu'est-ce que les Lumières ?*, pour la création d'un espace public libre, lieu d'échange d'idées au sein duquel la connaissance peut progresser.

Un siècle de transformations politiques

Le Siècle des Lumières fut aussi une période de changements politiques majeurs, culminant avec deux grandes révolutions : la Révolution américaine (1776-1783) et la Révolution française (1789-1799). Aboutissement d'un ensemble de transformations politiques et sociales, ces révolutions furent aussi la manifestation des idées humanistes qui marquèrent profondément les Lumières. C'est dans ce contexte qu'il faut comprendre la philosophie morale et politique de Kant.

Des idéaux humanistes

Les philosophes des Lumières se dressent contre l'absolutisme du pouvoir royal et contre l'influence trop grande de la religion dans les affaires politiques. On voit à cette époque le retour d'une ancienne idée – celle de la démocratie comme forme de gouvernement des peuples, inspirée de l'Antiquité grecque et romaine. Avec elle, ce sont les idéaux de liberté, de bonheur, de progrès et de justice sociale qui s'expriment. C'est aussi à cette occasion que naît le rêve d'une société laïque, c'est-à-dire dans laquelle les individus peuvent pratiquer librement leur foi sans se faire persécuter, et dans laquelle la religion est absente des institutions publiques.

L'humanisme des Lumières se traduit par une série de revendications juridiques et politiques pour une plus grande liberté individuelle, principalement à travers la critique de l'arbitraire du pouvoir monarchique. En France, les «lettres de cachet» permettaient ainsi au pouvoir royal d'enfermer n'importe qui sans aucune forme de recours. Inspirés par l'*habeas corpus* anglais, qui dès 1679 garantit aux individus la protection d'une liberté fondamentale – celle de ne pas être emprisonné sans procès –, les juristes français et allemands se battent pour voir un tel principe être adopté chez eux. Les Lumières plaidèrent aussi pour la liberté de conscience, autre droit fondamental encore bafoué par l'intolérance du clergé catholique, qui a continué à persécuter les

La liberté guidant le peuple, par Eugène Delacroix (1830). La Révolution française fut considérée par certains comme l'aboutissement des aspirations politiques des Lumières.

protestants longtemps après la fin des guerres de religion. Il y eut aussi le combat contre l'esclavage, dont on peut retrouver des traces chez Voltaire notamment. La liberté d'expression fut un autre grand combat des Lumières – comme en témoigne le *Qu'est-ce que les Lumières?* de Kant – dans une Europe où, exception faite de la Hollande, il n'était pas encore possible d'écrire tout ce que l'on pensait. Enfin, la liberté d'entreprise et de commerce était une autre revendication des Lumières. Le capitalisme comme forme d'organisation économique de la société avait commencé, depuis plus d'un siècle, à remplacer l'ancien système féodal. Adam Smith (1723-1790) écrit, en 1776, *La richesse des nations* qui constitue le fondement du libéralisme économique. Ce courant de pensée, qui a pris tout son essor au 19ᵉ siècle, tire son inspiration des Lumières, et notamment des philosophes empiristes qui affirmaient que l'être humain agit selon son intérêt, ce qui lui permet de se perfectionner continuellement. Ces revendications pour une plus grande liberté sont un thème récurrent du Siècle des Lumières, et l'on retrouve l'humanisme qui les animent au cœur de la philosophie morale de Kant.

La fin des guerres de religion

Le Siècle des Lumières est aussi marqué par la fin des guerres de religion, qui ont opposé catholiques et protestants et dominé l'histoire européenne aux 16e et 17e siècles, et qui se sont soldées par l'incapacité d'affirmer la domination d'un camp sur l'autre. L'enjeu de leur confrontation idéologique tournait autour de la question du rapport entre l'individu et l'autorité religieuse : les protestants réclamaient plus d'autonomie par rapport à l'Église, au Pape et au dogmes du christianisme ; ils pensaient notamment que l'individu peut avoir un rapport direct avec Dieu sans passer par l'intermédiaire de l'Église, que la vérité est contenue dans la Bible et non pas dans les interprétations des théologiens, et que les institutions ecclésiastiques doivent pouvoir se renouveler continuellement à partir de nouvelles lectures des textes sacrés. En opposition à cela, le catholicisme est *dogmatique*, c'est-à-dire qu'il impose une interprétation de la Bible du haut vers le bas de la hiérarchie ecclésiastique – du Pape vers les fidèles –, interprétation qui ne peut être remise en question, car le Pape est infaillible. Ce point d'achoppement entre catholiques et protestants est particulièrement significatif pour comprendre la pensée de Kant : celui-ci était protestant et fondait sa toute sa philosophie – autant sa morale que sa métaphysique – sur un rejet du dogmatisme[4] auquel il opposait l'exigence de l'autonomie de la raison. Nous pouvons retracer dans son obédience protestante l'une des sources de cette exigence d'autonomie.

D'un point de vue historique, la fin des guerres de religion marque l'échec de l'idée d'une Europe unifiée dans une seule foi, leitmotiv du Moyen-Âge inspiré du modèle de l'Empire romain. L'unité idéologique de l'Europe – conçue alors comme une condition à sa stabilité politique – doit trouver sa source ailleurs que dans la religion. Puisque le christianisme échoue à prouver son universalité, c'est la raison qui deviendra le référent commun ; et le Siècle des Lumières verra naître le rêve d'une Europe unie dans une communauté de savoir à la recherche de vérités universelles, et pacifiée par la rationalisation de l'exercice du pouvoir politique.

Une crise de la souveraineté

La fin des guerres de religion ne marque pas seulement l'échec du projet d'asseoir l'unité européenne sur une religion commune, c'est

---

4. Voir la section « L'autonomie de la raison et de la volonté » dans « Les thèmes ».

l'idée même de la religion comme fondement de la légitimité du pouvoir politique qui s'effrite. Le modèle de souveraineté dans les nations Européennes de l'époque − et particulièrement dans celles dominées par le catholicisme − est la monarchie absolue de droit divin, c'est-à-dire le règne d'un souverain unique dont le pouvoir est légitimé par Dieu. Le roi est le représentant de Dieu sur Terre, et c'est pour cette raison qu'il a le droit de régner sur ses sujets, d'ordonner des armées et de rédiger des textes qui ont force de loi. Or, à partir du 17ᵉ siècle − chez Thomas Hobbes et John Locke − puis plus tard dans les écrits des philosophes des Lumières, notamment Rousseau, on voit la résurgence d'une idée pas tout à fait nouvelle, que l'on peut retracer jusqu'à la philosophie stoïcienne : celle de *droit naturel*. Il s'agit de repenser les fondements de la loi − qu'est-ce qui donne à la loi sa légitimité ? Au nom de quoi les individus doivent-ils s'y soumettre ? −, non plus en fonction de la tradition ou de l'hérédité, comme c'était le cas dans la monarchie de droit divin, mais en fonction de la nature. Dans cette optique, le droit ne doit pas être arbitraire, c'est-à-dire la manifestation de la seule volonté d'un souverain ; il doit correspondre à la nature humaine et à la nature des choses. C'est seulement à cette condition qu'il pourra être accepté par tous les sujets, parce qu'il contiendra alors une universalité que la volonté arbitraire du roi ne possède pas. Il s'agit là d'un

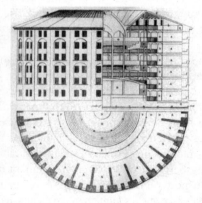

Le panoptique de Jeremy Bentham (1791) est un projet de prison dans laquelle le garde peut observer tous les prisonniers depuis un même lieu. Ce projet s'inscrit dans une vaste réflexion sur la rationalité de l'exercice du pouvoir et sur les fondements du droit pénal.

projet audacieux : celui de rendre objectives et rationnelles les normes juridiques. Et ce projet est une sorte d'écho politique à la morale de Kant, qui cherche quant à lui un fondement objectif aux obligations morales, fondement qu'il trouvera dans le concept de *devoir*.

Le droit naturel est l'expression d'une volonté de rendre plus rationnels les fondements théoriques du pouvoir politique, mais on commence aussi à observer dès le 18ᵉ siècle une volonté d'en rationaliser la pratique. À partir de cette époque, l'exercice du pouvoir commence à changer, passant, dans les mots du philosophe français Michel Foucault[5], d'un modèle de souveraineté – où le souverain impose sa volonté sur ses sujets, qui lui doivent obéissance – à un modèle de *gouvernementalité* – où le gouvernement administre un territoire et une population, et pratique une forme de gestion des ressources humaines et matérielles dont il dispose. Pour réaliser cette transformation, il faudra mettre la raison au service de la politique et utiliser la science pour gouverner. Et c'est particulièrement du côté des sciences humaines naissantes que l'on va trouver les moyens de ce changement : l'économie et l'étude des richesses permettront de rationaliser la gestion des ressources nécessaires à la population et ainsi d'éviter des famines ; la médecine et l'épidémiologie permettront de rationaliser la gestion des problèmes de santé publique en créant des infrastructures d'hygiène – égouts, hôpitaux –, en mettant en œuvre des campagnes de vaccination, etc.

C'est une nouvelle approche de l'exercice du pouvoir qui se dessine à partir du 18ᵉ siècle, où l'arbitraire de la tradition cède la place à l'objectivité de la raison, et où la science se met au service de la politique. Ce phénomène dépasse largement Kant et prendra toute son ampleur durant les deux siècles qui suivront ; néanmoins le philosophe de Königsberg s'inscrit dans ce mouvement de rationalisation de la pratique du pouvoir politique, comme on peut le voir notamment à travers *Qu'est-ce que les Lumières ?*, mais aussi à travers le projet politique qu'il exprime dans son *Essai philosophique sur la paix perpétuelle* paru en 1795.

La Prusse de Frédéric le Grand

Ce portrait du Siècle des Lumières serait incomplet sans mentionner celui que l'on a surnommé le « despote éclairé » – Frédéric II de Prusse, aussi appelé « Frédéric le Grand » –, qui a régné de 1740 à 1786, c'est à dire durant une grande partie de la vie de Kant. C'était un

---

5. Voir MICHEL FOUCAULT (2004). *Sécurité, territoire, population*. Paris, Seuil.

homme de son siècle, passionné d'art et de philosophie, qui contribua au développement des Lumières et à une certaine liberté d'opinion dans une Europe encore largement soumise à la censure. Il a aussi travaillé sans cesse à l'unification de la Prusse, ancêtre de l'Allemagne actuelle, faisant d'une multitude de petits royaumes indépendants une grande puissance européenne.

Le roi-philosophe
Frédéric le Grand s'intéressait à la littérature – surtout française –, à la musique – il jouait de la flûte et composa des sonates et quelques symphonies –, à la peinture – il acheta des tableaux de Lancret et de Watteau – et à la philosophie. Il correspond avec Voltaire, qu'il reçoit dans son château de Sans-Souci, près de Berlin, ainsi que d'autres philosophes et hommes de lettres des Lumières, dont La Mettrie. Frédéric est francophile – le français étant à cette époque la langue de la culture et de la

Frédéric le Grand dans son château de Sans-Souci, représenté en compagnie de Voltaire et d'autres invités. Tableau de Adolph von Menzel (1850).

diplomatie –, et il critique le manque d'unité de la langue allemande, alors partagée en de nombreux dialectes locaux. Afin d'unifier la langue de son royaume et de favoriser le développement des arts et des sciences, il fonde l'Académie Royale des Sciences et des Belles-Lettres, présidée par un Français, Maupertuis. Kant, qui fut membre de cette académie, contribua d'ailleurs à stabiliser le vocabulaire philosophique de langue allemande.

Frédéric écrivit plusieurs textes de philosophie politique dans lesquels il exprimait une conception moderne du pouvoir royal : il s'opposait à la monarchie de droit divin et pensait que le pouvoir du souverain reposait sur un contrat social et qu'il était donc au service de ses sujets, s'inscrivant ainsi dans la lignée des philosophes français des Lumières et du mouvement de rationalisation du pouvoir politique dont nous parlions précédemment. Il était aussi en faveur de la liberté de conscience – le droit de pratiquer la religion de son choix –, d'opinion et d'expression. À ce titre, il a aboli la censure en Prusse, mesure dont Kant a bénéficié car elle lui a permis de publier certains écrits qui auraient été vraisemblablement censurés dans d'autres pays. Il lui rend d'ailleurs hommage dans *Qu'est-ce que les Lumières?* en disant que le Siècle des Lumières est le siècle de Frédéric, c'est-à-dire de celui qui a permis l'instauration d'un espace public libre.

Frédéric Guillaume II, le neveu de Frédéric le Grand qui lui succéda en 1786, ne partageait pas les idées de son oncle sur l'importance de la liberté d'expression. Il réinstaura la censure en 1788 et imposa un contrôle sur les écrits religieux. En 1793, Kant écrivit une étude sur la religion – *La religion dans les limites de la simple raison* – qui fut interdite de publication. Kant demanda l'avis des professeurs de théologie de Königsberg et ceux-ci lui donnèrent raison; il décida alors de braver l'interdit et de publier son texte. Ce fut un énorme succès et l'étude dut être réimprimée, mais Kant reçut un blâme officiel du censeur et on interdit l'enseignement de la philosophie kantienne. Il céda finalement à la censure et promit dans une lettre au roi de ne plus aborder les questions religieuses. Après la mort de Frédéric-Guillaume II en 1797, Kant rompit son engagement et publia, en 1798, *Le conflit des Facultés* dans lequel il affirme la priorité de la raison sur la croyance.

Le despote éclairé

S'il aspirait à être un « roi-philosophe », Frédéric le Grand n'était pas pour autant un homme de paix: sous son règne, la Prusse fut presque continuellement en guerre. Frédéric travaillait avec acharnement à l'unification de la Prusse qui était alors divisée en plusieurs royaumes. Afin d'y arriver, il érigea une des plus puissantes armées de l'époque, qu'il dirigeait avec une main de fer, comme en témoigne d'ailleurs la remarque de Kant dans le dernier paragraphe de *Qu'est-ce que les Lumières?*. Grâce à cette puissante armée, il parvint à faire de la Prusse une grande puissance européenne, capable de rivaliser avec la France, l'Angleterre et la Russie.

Il était aussi un despote éclairé en ceci qu'il fut un des premiers souverains d'Europe à mettre en application les nouvelles formes de gouvernement qui émergeaient au 18e siècle, et dont nous disions plus tôt qu'elles constituaient un mouvement de rationalisation de l'exercice du pouvoir. Ainsi, il mit en place une administration centralisée et efficace et un système de justice plus juste – abolition de la torture, élaboration d'une correspondance stricte entre les crimes et leurs peines. Il pratiqua aussi un certain dirigisme étatique en matière d'économie : il fit assécher des marais pour y pratiquer l'agriculture et imposa certains types de culture, développa les industries et les mines, construisit des routes et des canaux pour favoriser le commerce et rationalisa la fiscalité en supprimant les péages intérieurs, instaurant des droits de douanes extérieurs et des taxes sur la consommation. À travers toutes ces mesures, Frédéric II fit de la Prusse une puissance importante au sein de l'Europe et un pays moderne, dans lequel la philosophie, la science et les arts ont eu la possibilité de faire des progrès considérables.

LA MORALE AU 18ᵉ SIÈCLE

Le Siècle des Lumières fut le théâtre d'un intense débat autour de la question des fondements de la morale : sur quoi reposent nos jugements moraux ? Qu'est-ce qui nous permet de distinguer le bien du mal ? Le texte de Kant présenté ici s'inscrit dans ce débat et constitue une tentative de donner à la morale un fondement purement rationnel, objectif et universel. Ce débat s'inscrit dans la même lignée que la réflexion sur la légitimité du pouvoir politique présentée précédemment, si bien que l'on peut parler pour le 18ᵉ siècle d'un mouvement de *laïcisation* de la morale comme de la politique. Tout comme il apparaissait injustifiable aux yeux des philosophes que la souveraineté du roi repose sur la religion – sur son lien privilégié avec Dieu –, il commençait aussi à leur sembler insuffisant de faire reposer les interdits moraux sur les seuls commandements divins – ainsi fallait-il trouver de nouveaux fondements à la morale. À travers ce débat, il nous semble pertinent de dégager trois axes de réflexion sur la morale : le rôle des sentiments dans le jugement moral, la place du bonheur et celle de la liberté dans la morale.

Sentiments et jugement moral

Si le Siècle des Lumières fut le siècle de la raison et de la Révolution scientifique, ce fut aussi le siècle des larmes et le théâtre d'une révolution morale. La question de la sensibilité, des sentiments et de leur rôle dans la morale fut l'objet de controverses philosophiques ardentes. L'éthique de Kant s'oppose au courant empiriste qui fait de la sensibilité la base du jugement moral, ainsi qu'au mouvement culturel du *Sturm un Drang* – littéralement, «tempête et élan» –, précurseur du romantisme du 19ᵉ siècle.

Le sens moral

À partir du début du 18ᵉ siècle, il commence à se dessiner, particulièrement en Écosse avec ce qu'on appelle les «Lumières écossaises», un courant de philosophie *empiriste* – c'est-à-dire donnant une place plus importante à la sensibilité, aux perceptions et aux sentiments qu'à la raison – qui se manifeste dans tous les domaines de la philosophie, y compris bien sûr en morale. David Hume (1711-1776), qui a eu une influence considérable sur Kant[6], est un protagoniste important de ce courant. Dans le *Traité de la nature humaine* (1740), ce dernier attaque l'idée selon laquelle nous distinguons le bien et le mal grâce à la raison, et il affirme que c'est plutôt au moyen d'un *sens moral* que nous sommes capables de poser des jugements moraux. Ainsi la sensibilité – la capacité à ressentir du plaisir ou de la souffrance – joue un rôle prédominant dans nos jugements et nos choix moraux. Kant, comme nous le verrons, s'oppose entièrement à cette idée[7], puisque pour lui, la morale repose seulement sur la raison, et les sentiments ne font qu'obscurcir le jugement et nuire à son objectivité. Cette conception empiriste de la morale contre laquelle Kant se bat aura une influence considérable aux 18ᵉ et 19ᵉ siècles, et elle sera une source d'inspiration pour l'utilitarisme[8] de Mill, que l'on considère aujourd'hui comme le principal adversaire de la morale de Kant.

Le Sturm und Drang

La valorisation de la sensibilité au 18ᵉ siècle se manifeste aussi à travers le courant culturel du *Sturm und Drang*, qui s'oppose au rationa-

---

6. Voir «Une révolution métaphysique» dans «Éléments de biographie».
7. Voir «Le rationalisme de Kant face aux conceptions empiristes de la morale» dans «Les thèmes».
8. Voir «Les droits individuels face au bien commun» dans «La résonance actuelle».

lisme des Lumières et prône l'exaltation des sentiments, des émotions et des passions. Composé principalement de jeunes écrivains allemands et inspiré notamment des *Rêveries du promeneur solitaire* de Rousseau, ce mouvement littéraire se tourne vers la nature comme source d'inspiration, de bien-être et de vérité. Contrairement aux Lumières, qui disséquaient la nature avec la raison, le *Sturm und Drang* tente de l'embrasser avec la passion et la sensibilité. Ces auteurs se montrent aussi critiques vis-à-vis de la monarchie absolue et du monde bourgeois ; ils valorisent la liberté et l'émancipation de l'individu. Parmi les écrivains les plus connus du *Sturm und Drang*, on compte Schiller (1759-1805) et Goethe (1749-1832), qui influencèrent énormément le courant romantique français et allemand du 19e siècle. C'est en partie en réaction à ce mouvement culturel antirationaliste et sentimentaliste que Kant érige sa morale du devoir. Pour ce dernier, l'être humain est avant tout un être de raison, et sa sensibilité ne doit pas fournir le fondement de son jugement, autant sur les questions métaphysiques que morales.

La place du bonheur dans la morale

Un autre thème important du 18e siècle est celui du bonheur, qui fut une des valeurs phares de l'humanisme des Lumières et une aspiration des penseurs de la Révolution française. Le bonheur comme thème philosophique est à mettre en lien avec l'individualisme naissant – la valorisation de l'autonomie et des droits individuels par rapport à ceux de la collectivité –, et il devient à cette époque un enjeu à la fois politique et moral : la monarchie absolue est mauvaise car elle nuit au bonheur des individus, et la morale doit chercher à maximiser le bonheur du plus grand nombre.

Le besoin comme fondement de la morale

L'un des plus importants philosophes matérialistes français du 18e siècle, Claude-Adrien Helvétius (1715-1771), fonde sa théorie morale entièrement sur

Claude-Adrien Helvétius (1715-1771), philosophe matérialiste, auteur d'une morale relativiste fondée sur la notion de besoin. Portrait par Michel van Loo (18e siècle).

la notion de *besoin* : les règles morales en vigueur à une époque et dans une société donnée ne sont pas *absolues*, elles répondent plutôt à des besoins propres à cette société et cette époque. Helvétius s'inspire beaucoup de l'étude des mœurs des contrées éloignées de l'Europe, que l'on commence alors à découvrir, pour développer une morale *relativiste*, c'est-à-dire acceptant que certaines choses puissent être considérées comme bonnes dans un contexte et mauvaises dans un autre. Sa morale est *matérialiste* en ceci qu'elle considère uniquement les conditions matérielles de l'existence pour établir les pratiques qui sont moralement bonnes ou mauvaises, en fonction du besoin des individus et de la société. Kant fondera sa propre morale en opposition au relativisme et au matérialisme d'Helvétius : il cherchera un critère absolu du bien et du mal, et ce critère sera purement « abstrait » au sens où il sera dégagé de toute considération matérielle.

L'utilité comme critère du bien

Une des conséquences du matérialisme d'Helvétius est que l'action morale n'est pas jugée sur sa correspondance avec les interdits de la religion ou de quelque autre autorité, mais sur sa capacité à répondre à des besoins humains. À ce titre, il influencera grandement cet autre grand courant éthique qu'est *l'utilitarisme*. Pour Jeremy Bentham (1748-1832), l'un des fondateurs de cette école, le jugement moral doit reposer entièrement sur les conséquences de l'action en termes de *plaisir* et de *souffrance*. C'est ce qu'il nomme le critère *d'utilité* : une action est *utile* lorsqu'elle génère du bonheur et évite de la souffrance, pour soi et pour les autres ; et une action utile est une action moralement bonne. Il s'agit d'une théorie morale empiriste, puisque son critère repose entièrement sur la sensibilité (la capacité à ressentir du plaisir et de la souffrance). Kant, qui est un rationaliste, s'opposera à cette doctrine en affirmant d'une part que l'action ne doit pas être jugée sur ses effets mais sur l'intention de celui qui agit, et d'autre part que le critère moral n'a rien à voir avec le plaisir – dont la recherche nous éloigne de la moralité et nous pousse au vice – mais repose plutôt sur la conformité de nos actions avec le devoir[9], concept purement rationnel, dans lequel la sensibilité ne joue aucun rôle.

---

9. Voir la section « Une morale du devoir » dans « Les thèmes ».

Le bonheur comme finalité de la morale

Pour les utilitaristes, c'est finalement le bonheur que doit viser l'action humaine, et c'est pour cela qu'ils jugent la moralité d'une action sur sa capacité à produire du plaisir et à éviter de la souffrance. Pour Bentham, le bonheur est défini comme le plaisir et l'absence de souffrance, et la finalité de l'action morale est le *sommum bonum*, c'est-à-dire le plus grand bonheur du plus grand nombre. Cette aspiration au bonheur, conçue comme la finalité de la morale et de la politique – c'est-à-dire de l'action humaine – est un trait caractéristique du 18ᵉ siècle, et la société occidentale d'aujourd'hui – société de consommation et de loisir – en est l'héritière directe. Et ce n'est pas seulement sur la question «technique» du critère moral que Kant était en désaccord avec les utilitaristes, mais bien sur le fond du problème : il pensait que l'action morale ne doit pas avoir pour finalité de maximiser le bonheur des êtres humains, mais plutôt de respecter leur dignité d'êtres libres et rationnels, et de favoriser le développement de toutes leurs facultés et leurs capacités.

La place de la liberté dans la morale

Enfin, avec le bonheur et les sentiments, un autre grand thème du 18ᵉ siècle est celui de la liberté. Porté par les philosophes des Lumières, l'idéal de liberté fut un des moteurs de la Révolution française et de l'essor de la démocratie. En éthique, le thème de la liberté est très présent dans la pensée de Kant comme nous le verrons dans le prochain chapitre. Selon lui, l'action morale est celle qui d'une part respecte la liberté des êtres rationnels, et d'autre part affirme la liberté de celui qui, agissant rationnellement, agit librement. Mais face à la liberté défendue par Kant et ses contemporains, le 18ᵉ siècle vit aussi le développement de ce thème au sein d'un mouvement culturel quelque peu extérieur à l'humanisme des Lumières, et en tout cas totalement étranger à la morale de Kant : le libertinage et la revendication de la transgression des interdits, dont le Marquis de Sade (1740-1814) fut le principal porte-voix.

La morale des libertins

Dans le paysage culturel du 18ᵉ siècle, il y eut un courant contre lequel Kant se dressa – les libertins –, qui revendiquait la quête de plai-

Le marquis de Sade (1740-1814), principal représentant du mouvement libertin, philosophe matérialiste et athée, il critiquait la religion, revendiquait la transgression des interdits moraux et prônait la recherche du plaisir. Représenté ici emprisonné à la Bastille (artiste inconnu, 19ᵉ siècle).

sir et la transgression de l'interdit. Ce courant était étroitement associé à une critique de la morale chrétienne, considérée comme trop austère et contre-nature. Matérialiste, le Marquis de Sade défend l'athéisme, tout comme le Baron d'Holbach (1723-1789) dont les écrits furent brûlés sur ordre royal en 1770. Mais Sade pousse sa critique de la religion plus loin que tous ses contemporains : pour lui, la morale chrétienne empêche les hommes d'être libres en condamnant le plaisir. Dans ses romans, Sade met ainsi en scène des personnages *libertins*, c'est-à-dire affranchis des valeurs morales chrétiennes, obsédés par la recherche de la séduction, de la jouissance et de la perversion. La transgression des interdits est le thème maître de son œuvre, ce qui lui vaudra d'être considéré d'abord comme un homme criminellement immoral – il fut emprisonné à la Bastille sous Louis XVI – puis maladivement pervers – il fut interné avec les malades mentaux après la Révolution. Mais il ne fut pas le seul à prôner la liberté de jouissance et la transgression des interdits moraux, et le 18ᵉ siècle connut tout un courant de littérature libertine où le mal n'est pas du tout mis en scène comme quelque chose qu'il faudrait combattre, mais au contraire comme une source de plaisir et d'affranchissement de soi. La morale du devoir de Kant – qui, malgré son effort pour la fonder sur l'autonomie de la raison, prône tout de même les valeurs de la morale protestante – sera aussi en réaction contre ce mouvement. S'il partage avec les auteurs libertins de son siècle une valorisation de la liberté, il pense que cette libération des mœurs est l'expression d'une fausse liberté qui masque en réalité un asservissement à nos passions. Kant ramène l'idée *d'interdit* dans la morale au moyen du concept de devoir, mais il parvient à en évacuer la charge religieuse, puisque le devoir de la morale de Kant est celui que l'individu libre et rationnel s'impose à lui-même.

LES THÈMES DES *FONDEMENTS DE LA MÉTAPHYSIQUE DES MŒURS* ET DE *QU'EST-CE QUE LES LUMIÈRES ?*

Le point de départ de l'éthique de Kant est une réflexion sur la notion de liberté : nous devons agir moralement parce que nous sommes libres, et notre action morale doit être une manifestation de notre liberté. Or la liberté dans la philosophie kantienne est avant tout une question d'autonomie de la raison – est libre celui qui est capable de penser par lui-même. Cette conception de la liberté conduit Kant à développer une morale fondée sur le concept de devoir, compris comme la loi morale universelle que la raison subjective s'impose à elle-même. Nous reconstruirons dans ce chapitre l'édifice théorique de cette morale du devoir au moyen de ces trois concepts – liberté, autonomie de la raison et devoir – pour arriver au fondement philosophique de la morale kantienne : le principe du respect de la dignité humaine.

LA LIBERTÉ

Si les êtres humains n'étaient pas libres, la réflexion éthique serait une pure perte de temps. On ne se demanderait pas : « Comment dois-je agir ? » et l'on ne jugerait pas nos actions et celles des autres comme étant « bonnes » ou « mauvaises ». Poser un jugement moral sur une personne qui a « mal » agi implique d'abord que l'on croie que cette personne aurait pu agir autrement. C'est pourquoi nous sommes portés à juger qu'une personne ayant commis un vol a fait un geste moralement répréhensible, alors que si un chat vole un morceau de poisson sur le comptoir de la cuisine, nous ne disons par qu'il a agi de façon *immorale* – même si nous nous fâchons et que nous le grondons, nous savons que nous sommes plus à blâmer que lui : nous n'aurions pas dû laisser traîner nos restes. Nous le grondons simplement dans l'espoir, peut-être vain, de le conditionner à ne pas recommencer.

La déclaration des droits de l'homme et du citoyen tire son inspiration de la philosophie des Lumières et incarne le caractère universel de la morale de Kant. Peinture de Jean Jacques François Le Barbier (1789).

La différence entre le *conditionnement* auquel nous tentons de soumettre les animaux de compagnie et *l'éducation* que nous donnons aux enfants réside dans notre conviction que ces derniers sont doués de *libre arbitre*, c'est-à-dire qu'ils n'obéissent pas simplement aux impulsions de leur instinct, aux lois de la nature ou aux normes de leur culture, mais qu'ils ont effectivement le pouvoir de choisir une action plutôt qu'une autre. Si l'on conçoit l'être humain comme doué de libre arbitre, ce n'est pas seulement pour donner un fondement métaphysique à la notion de responsabilité morale ; c'est parce que la liberté est une idée concrète qui correspond à une expérience fondamentale que nous faisons tous : on ressent intimement sa liberté lorsqu'on agit. Par exemple, vous lisez ce livre alors que vous pourriez regarder la télévision ; et même si un enseignant vous y a obligé, c'est tout de même vous qui choisissez de vous soumettre à cette contrainte. Peut-être préféreriez-vous faire autre chose – auquel cas vous ressentez plus intimement encore l'action de votre libre arbitre en vous astreignant à faire ce que vous ne désirez pas faire.

Cette expérience de la liberté est à la base de la philosophie morale de Kant. En premier lieu, parce que, comme nous venons de l'expliquer, morale et liberté sont indissociables, mais aussi parce que l'exercice de notre liberté est soumis a de nombreuses contraintes, ce qui pousse Kant à vouloir nous sensibiliser à la liberté que nous possédons. *Fondements de la métaphysique des mœurs* et *Qu'est-ce que les Lumières ?* sont deux textes qui manifestent à quel point la philosophie kantienne est une tentative d'accroître notre espace de liberté, de nous défaire des contraintes qui pèsent sur nous – celles de la tradition, de l'autorité religieuse, de la superstition, de la manipulation idéologique et de la tyrannie politique.

La liberté comme usage rationnel de sa volonté

On pourrait cependant s'opposer à cette conception de l'être humain comme d'un être libre de ses choix en montrant combien notre liberté est limitée, soumise à une multitude de contraintes, à une multitude de *déterminismes*.

Le libre arbitre face aux déterminismes

Il y a tout d'abord les déterminismes *biologiques*, par lesquels notre capacité d'agir est limitée par notre nature physiologique (notre corps) qui est elle-même en grande partie déterminée par nos gènes. Viennent ensuite les déterminismes *sociaux*, par lesquels notre statut socio-économique, notre niveau de réussite sociale ou l'emploi que l'on occupe sont déterminés par des facteurs sociaux qui ne relèvent pas de notre volonté, mais de notre éducation et du milieu social dans lequel on est né. Il y a enfin les déterminismes *psychiques*, par lesquels notre comportement, notre personnalité ou nos habitudes émotives sont déterminés par notre passé relationnel et notre constitution psychologique. Tous ces facteurs déterminants sont autant de limites à notre liberté, limites qui nous obligent à remettre en question l'affirmation que *ce que nous faisons dépend uniquement de notre libre arbitre*. Dans l'exemple précédent, nous disions qu'en jugeant un vol comme un geste répréhensible, on supposait que celui qui l'a commis est libre. Or on pourrait aussi expliquer son geste comme une manifestation de ses déterminismes : peut-être l'individu qui a commis ce vol vient-il d'un milieu délinquant et ne fait que reproduire les valeurs et les codes avec lesquels il a été élevé ; peut-être est-il kleptomane (souffrant d'une compulsion irrésistible à voler), ce qui relèverait d'un déterminisme psychique, voire biologique. Ainsi, on voit qu'il est possible d'analyser les actions des individus comme des manifestations de conditions qui sont largement au-delà de leur volonté, ce qui contredit entièrement notre intuition d'être en maîtrise de notre existence et doués de libre arbitre.

La raison comme déterminisme de la volonté

Il est bien certain que Kant ne nie pas l'influence de ces facteurs extérieurs sur nos actions – il est, au contraire, bien conscient de leur effet. Cependant, il montre qu'il n'y a pas réellement de contradiction entre les déterminismes et la liberté si l'on comprend cette dernière comme *l'usage rationnel de la volonté*. En disant que nous sommes soumis à des déterminismes, nous affirmons simplement que nous obéissons à des lois de la nature, de la même façon que la Terre qui tourne sur son axe et autour du Soleil obéit aux lois de la gravitation – c'est-à-dire que tout effet a une cause, et les actions des hommes ne font pas exception à cette règle. En disant que nous sommes libres, nous n'affirmons pas que nos actions n'ont pas de cause, mais simplement que *nous avons le pouvoir de causer nous-mêmes nos actions* – et ce pouvoir s'appelle la *volonté*. Or la volonté peut être déterminée par diverses choses, et parmi elles des facteurs sociaux, émotionnels, économiques, psychologiques, etc. – c'est-à-dire les différents déterminismes dont nous avons parlé plus tôt. Mais la volonté peut aussi être déterminée par la raison, et c'est en cela que nous avons, selon Kant, la possibilité d'être libres. En fait, Kant dit que nous sommes libres seulement dans la mesure où c'est notre raison – et non nos émotions, nos désirs, nos pulsions, les conditions matérielles de notre existence, etc. – qui détermine notre volonté. La liberté est donc bien une qualité des êtres humains, mais cela ne veut nécessairement pas dire que nous agissons toujours librement : nous agissons librement uniquement lorsque nous parvenons à nous arracher aux multiples déterminismes qui pèsent sur nous. En d'autres mots, nous sommes libres seulement lorsque c'est notre raison qui détermine notre volonté.

Le rationalisme de Kant face aux conceptions empiristes de la morale

En définissant ainsi la liberté, Kant propose une éthique résolument *rationaliste*, en opposition complète avec celle de Hume et de la tradition empiriste, qui est au contraire basée sur les sentiments. Pour Hume par exemple, le bien et le mal causent en nous une certaine *sensation*, et c'est au moyen d'un « sens moral », une sorte de sixième sens, que l'on est capable de juger (ou plutôt de *ressentir*) la moralité d'une action. Pour Kant, cette théorie est inacceptable pour deux raisons. D'abord parce qu'elle ne permet pas de donner un critère moral universel, le jugement moral étant à la merci de la sensibilité des uns et des autres, voire des humeurs du moment. Or Kant pense qu'un critère moral doit nous permettre de déterminer si une action est bonne ou mauvaise *en soi*, et non pas seulement pour certaines personnes, à certaines époques ou dans certaines cultures. Par exemple, si l'on se donne comme règle qu'il est moralement inacceptable de mentir, on ne dit pas que *pour nous* – en Occident, de nos jours, selon nos valeurs – il est mal de mentir, tandis que dans d'autres cultures, à d'autres époques, cela pourrait être acceptable. Cela serait un point de vue *relativiste* sur la morale, que Kant rejette entièrement. Le critère qu'il recherche doit être universel, c'est-à-dire qu'il doit valoir pour tous et à toutes les époques ; or la morale empiriste

L'un des chiens d'Ivan Pavlov (1849-1936) utilisé pour ses expériences sur le comportement animal. Pavlov l'avait conditionné à saliver au son d'une cloche qu'il avait associé avec la saveur de la viande. L'être humain est-il, comme le chien de Pavlov, une somme d'habitudes conditionnées ?

fondée sur les sentiments ne permet pas l'élaboration d'un tel critère, puisque le sens moral varie d'un individu à l'autre selon sa sensibilité, son éducation, son expérience, etc.

Le déterminisme de la morale empiriste

La seconde raison pour laquelle Kant rejette la morale empiriste est qu'elle repose avant tout sur des postulats déterministes, puisqu'elle affirme que le jugement moral est une simple réaction de notre sens moral aux situations et aux choix que l'on rencontre. Comme toutes les sensations, cette réaction est en partie instinctive et en partie dérivée de l'apprentissage que l'on a fait de notre sens moral – de la même façon que l'on peut aiguiser son ouïe ou son odorat, Hume croit qu'il est possible de développer son sens moral –, mais elle ne relève absolument pas de notre liberté ni de l'usage de notre raison. Pour clarifier ce point, faisons un parallèle avec une perception visuelle : si je regarde au loin et que j'aperçois un objet, c'est d'abord parce que je suis doté d'un appareil sensoriel qui me le permet ; si, ayant développé une acuité particulière (peut-être ai-je fait de la chasse), je suis en outre capable de distinguer que l'objet est un animal – et même, étant un chasseur chevronné, je reconnais là un chevreuil – cela est simplement dû à un certain apprentissage que j'ai fait en m'exerçant à utiliser ma vue avec plus d'acuité. Mais en aucun cas, on ne pourrait dire que je suis *libre* de percevoir telle ou telle chose : c'est une perception, donc simplement un effet du monde extérieur sur mes sens. De même, en disant que le bien et le mal sont perçus au moyen d'un *sens moral*, et non pas découverts par l'usage de la raison, on réduit le jugement moral à une opération de notre appareil sensoriel qui ne requiert pas plus de liberté qu'il n'en faut pour voir, entendre ou sentir les objets environnants.

Ainsi, dans la perspective d'une morale empiriste, la connaissance du bien et du mal se réduit en dernière instance à une connaissance de la nature humaine et de ses déterminismes : on pourrait étudier comment fonctionne le sens moral, comme d'autres étudient le fonctionnement de la vue ou de l'ouïe. C'est pourquoi Kant dit que la morale ne doit pas être fondée dans la connaissance de la nature humaine, dans ce qu'il appelle l'anthropologie[10] et qui correspondrait aujourd'hui aux

---

10. Voir la préface des *Fondements de la métaphysique des mœurs*.

connaissances de la psychologie et de la médecine. Ces sciences nous enseignent comment fonctionnent les êtres humains, elles tentent d'expliquer notre comportement par des *fonctions* psychologiques ou physiologiques. Ce faisant, elles proposent des explications déterministes qui évacuent entièrement l'expérience du libre arbitre. Elles expliquent, par exemple, le développement de certains comportements et traits de caractère par la présence de certains gènes et par l'influence de l'environnement. Ainsi un tempérament agressif ou calme, ou bien une propension à la générosité ou à la lâcheté sont déterminés par des facteurs relevant de la nature génétique ou psychologique de l'individu qui possède ces caractéristiques. L'explication empirique du comportement humain laisse par conséquent entièrement de côté la question de la liberté : c'est comme si elle rejetait la distinction que nous faisions plus tôt entre les êtres humains et les animaux, ce que Kant ne peut accepter.

Ainsi, la morale empiriste ne convient pas du tout à la conception rationaliste de la liberté que Kant veut défendre, ni à la recherche d'universalité qui l'anime. Il exige que les règles morales reposent entièrement sur notre raison, d'abord parce que la raison est universelle alors que la sensibilité varie d'un individu à un autre et d'une culture ou d'une époque à une autre ; ensuite parce c'est la seule manière de garantir que les choix que l'on fait sont l'expression de notre liberté et pas simplement une manifestation de nos déterminismes.

L'AUTONOMIE DE LA RAISON ET DE LA VOLONTÉ

Nous venons de voir que Kant avait une conception rationaliste de la liberté ; nous allons maintenant voir comment cette conception de la liberté se manifeste par la recherche de l'autonomie de la volonté, dans les *Fondements de la métaphysique des mœurs*, et de l'autonomie de la raison dans *Qu'est-ce que les Lumières?*

Le terme « autonomie » désigne l'indépendance d'une personne ou d'une institution face à une autorité extérieure. Étymologiquement, *autonome* signifie « qui se donne sa propre loi », « qui contient en soi ses propres règles ». On parle par exemple d'un « gouvernement autonome » pour désigner un gouvernement qui a l'autorité d'écrire les lois auxquelles les citoyens doivent obéir, ou de « l'autonomie d'une personne » pour désigner sa capacité à décider par elle-même ce qu'elle doit faire. L'autonomie de la volonté désigne chez Kant le fait que chaque individu possède en lui la faculté de se donner sa propre loi morale, et ne fait pas qu'accepter aveuglément de se soumettre à celle qu'une autorité extérieure lui impose. Comme nous allons le voir, cela ne signifie pas que chacun peut se donner les règles qui lui conviennent en fonction de ses désirs et des valeurs qui lui sont chères, mais plutôt que la loi morale est à la fois universelle et une manifestation de la liberté. L'autonomie de la volonté repose ultimement sur l'autonomie de la raison, qui désigne le pouvoir qu'a la raison de se donner elle-même les règles à suivre pour acquérir de nouvelles connaissances. Dire que la raison est autonome signifie que chaque être doué de raison possède en lui les critères grâce auxquels il est capable de distinguer le vrai du faux – ce qui implique que ces critères ne sont pas de simples conventions que nous avons apprises et acceptées mais que nous les imposons à nous-mêmes. Ainsi, si j'accepte comme vraies les affirmations que « 2 + 2 = 4 », que « l'eau est composée de 2 molécules d'hydrogène et d'une molécule d'oxygène » et que « l'être humain est un mammifère », ce n'est pas simplement parce que j'accepte benoîtement ce que j'ai appris à l'école, mais parce que ma raison me fournit les critères d'acceptabilité de toute connaissance vraie, et que ces connaissances-là répondent à ces critères.

Un rationalisme anti-dogmatique

Chez Kant, cette recherche d'autonomie consiste d'abord en un rejet du *dogmatisme*, c'est-à-dire de l'idée selon laquelle il existe des vérités absolues qui s'imposent à nous et que nous devons accepter parce qu'elles ont une valeur universelle et transcendantale. Les religions monothéistes, et en particulier la religion catholique, reposent sur une philosophie dogmatique : elles affirment la vérité des écrits saints et condamnent toute forme de critique de cette vérité. Le dogmatisme exige un *acte de foi*, c'est-à-dire l'acceptation inconditionnelle de la vérité du dogme. Dans la morale chrétienne, le dogmatisme consiste à justifier la conception du bien et du mal ainsi que les interdits et les obligations qui en découlent en disant que ce sont des commandements divins : le vol, le meurtre, le mensonge, l'adultère, etc. sont interdits parce que Dieu l'a voulu.

Du point de vue de la philosophie de Kant, cette conception de la morale fondée sur les dogmes religieux possède l'avantage de satisfaire son exigence d'universalité : les interdits et les obligations qu'elle impose sont inconditionnels, valables pour tous et à toutes les époques. Cependant, le dogmatisme de la morale chrétienne est en contradiction avec une autre intuition fondamentale de Kant : la vérité ne peut pas venir de l'extérieur de la raison, elle ne peut pas être imposée par une quelconque autorité – ici, celle de l'Église – mais elle doit être découverte subjectivement par la raison, c'est-à-dire directement par l'individu qui la recherche.

Dans la morale chrétienne, les interdits sont dictés aux hommes par Dieu. Kant veut donner aux individus le pouvoir de déterminer par eux-mêmes leur propre loi morale. *Moïse redescendant du Sinaï* par Gustave Doré (1866).

La philosophie au service de l'émancipation de la raison

Kant pense que la raison a le pouvoir de découvrir des vérités universelles, et c'est pour cela qu'on le classe parmi les philosophes *rationalistes*. Cependant, il critique beaucoup certains de ses prédécesseurs rationalistes, notamment Leibniz et Wolff, en leur reprochant d'être dogmatiques. Pour ces derniers, le travail de la philosophie consiste à établir les vérités universelles que la raison est en mesure de découvrir. Une fois ce travail effectué – une fois la vérité établie – elle s'impose *d'elle-même* à ceux qui la contemplent. Le caractère universel de la vérité nous oblige d'une certaine façon à l'accepter, et c'est en cela que ces philosophes sont dogmatiques : ils acceptent que la vérité soit érigée en un dogme auquel tous les sujets rationnels doivent adhérer.

La raison nous permet de découvrir par nous-mêmes des vérités universelles. *L'astronome*, par Szymon Buchbinder (fin 19ᵉ siècle).

Kant pense au contraire que la tâche de la philosophie consiste à rendre les individus autonomes en leur permettant de découvrir les règles qui régissent le fonctionnement de la raison, règles grâce auxquelles chaque être doué de raison est capable d'acquérir par lui-même de nouvelles connaissances. Cette conception du rôle de la philosophie conduit Kant à refuser entièrement le dogmatisme, aussi bien dans la science que dans la morale. Dans les *Fondements de la métaphysique des mœurs*, Kant rejette la justification de la morale chrétienne, son fondement métaphysique – à savoir l'idée que le bien et le mal sont déterminés par la volonté de Dieu à laquelle nous devons nous plier. Il rejette cette idée parce qu'elle est dogmatique : elle exige un acte de foi qui est contraire à son idéal d'autonomie de la raison. En revanche, s'il rejette les bases métaphysiques de la morale chrétienne, nous allons voir qu'il n'en rejette pas pour autant le principe – à savoir l'idée que nous avons des devoirs qui ne souffrent aucune exception –, ni le contenu – les obligations et interdictions que nous sommes tenus de respecter.

Anti-dogmatisme et universalité de la vérité

N'y a-t-il pas pourtant une contradiction dans le fait de rejeter le dogmatisme tout en affirmant que les vérités de la raison sont universelles ? Si l'on dit qu'il existe des vérités universelles, valables pour tous les êtres humains, cela n'implique-t-il pas nécessairement qu'il faille les accepter ? En d'autres mots, un point de vue universaliste sur la vérité n'est-il pas obligatoirement aussi un point de vue *dogmatique* ? Après tout, si quelqu'un réclamait, au nom de l'autonomie de sa raison, le droit de croire que « 2 + 2 = 22 », on lui reprocherait d'être dans l'erreur, de refuser d'accepter une vérité mathématique pourtant incontestable. Mais ce faisant, ne serions-nous pas *dogmatiques*, puisqu'on exigerait de lui qu'il accepte *notre* vérité ?

On voit assez facilement que l'individu de notre exemple fait un mauvais usage de sa raison : il applique mal certains concepts mathématiques – ceux de *somme* et d'*égalité* – et il serait assez facile de lui faire comprendre son erreur *par lui-même*, en clarifiant ces concepts. Il n'est pas nécessaire de faire un *acte de foi* pour accepter une vérité mathématique – seulement d'utiliser correctement sa raison – alors qu'il est nécessaire d'en faire un pour accepter l'existence de Dieu, et à plus forte raison un système moral qui repose sur cette croyance. C'est la raison pour laquelle Kant rejette le dogmatisme : parce qu'il exige de nous d'accepter de façon non critique des vérités que nous devrions être en mesure de découvrir avec notre raison. L'humilité de la philosophie de Kant – le fait qu'elle ne s'estime pas en mesure de répondre dogmatiquement aux questions fondamentales – constitue aussi son audace : elle cherche à rendre chaque être humain capable de découvrir par lui-même les réponses aux questions philosophiques les plus profondes avec la même clarté et la même certitude que l'on comprend que « 2 + 2 = 4 ».

L'autonomie de la volonté comme fondement de la moralité

Grâce à l'exemple précédent, on voit bien que la croyance en l'existence de vérités universelles n'implique pas que ces vérités doivent être acceptées aveuglément : si nous sommes capables d'arriver tous aux mêmes vérités, c'est parce que nous avons tous la même faculté rationnelle, mais il ne s'en suit pas qu'une fois une vérité découverte *subjectivement* par un individu, elle puisse être ensuite retransmise *objectivement* à tous les autres qui devront alors l'accepter par un acte de foi. Cependant, l'application de ce raisonnement au domaine de la morale est moins évidente, et cela tient surtout au fait que nous n'avons pas l'habitude de penser que les concepts moraux ont le même caractère d'universalité que les concepts mathématiques. Or, toute l'originalité et la force de la morale de Kant consiste en ce qu'elle établit les fondements philosophiques des concepts de devoir, de bien moral et d'obligation en les faisant reposer sur l'autonomie de la raison plutôt que sur une foi aveugle en des commandements divins. Selon Kant, n'importe quel individu, en tant qu'être rationnel, possède en lui le pouvoir de distinguer le bien du mal et de juger si son action est conforme ou non au devoir.

Autonomie de la volonté et universalité de la morale

L'autonomie de la volonté désigne la capacité qu'a chaque individu de se donner ses propres règles d'action. Selon Kant, tous les êtres humains, en tant qu'êtres de raison, sont doués d'une volonté autonome, et cette autonomie découle directement de l'autonomie de la raison – c'est en cela que sa philosophie morale est *rationaliste*. Cependant, si l'on dit que la volonté de chaque individu lui donne le pouvoir de décider des règles qu'il va suivre, cela ne signifie pas pour autant que chacun puisse choisir les règles qui lui conviennent en fonction de ses valeurs, de ses désirs, de ses goûts ou des buts qu'il cherche à atteindre : être libre ne signifie pas que tout est permis, mais plutôt que l'on détermine soi-même sa propre loi. Or, se donner sa propre loi n'implique pas que l'on puisse choisir celle qui nous convient mieux – celle qui nous permet d'atteindre nos propres objectifs, par exemple –, il faut qu'elle soit déterminée rationnellement. Et c'est parce que la loi morale est déterminée par la raison qu'elle est universelle, comme toutes les vérités de la raison.

Agir contre une telle loi morale reviendrait à agir de façon irrationnelle : ce serait une transposition au domaine de la morale de l'attitude de celui qui veut croire que « 2 + 2 = 22 ». En effet, si je veux déterminer ma propre loi sur des principes autres que ceux de la raison – par exemple, mon désir d'avoir le plus de plaisir possible, ou mon ambition de devenir riche et célèbre – alors ces principes ne seront pas universels, parce que mes désirs ne sont pas forcément ceux des autres et que les moyens à prendre pour les réaliser risquent d'empêcher les autres de réaliser les leurs. Par conséquent, en déterminant ainsi ma volonté, en revendiquant au nom de la liberté le droit de choisir des lois qui ne soient pas universelles, je ne serais pas plus rationnel que celui qui réclame le droit de croire que « 2 + 2 = 22 ». Déterminer rationnellement sa volonté implique de choisir pour soi-même des lois qui pourraient être acceptées par tous les êtres rationnels, de la même façon que tous les êtres rationnels peuvent accepter que « 2 + 2 = 4 ».

Liberté et autonomie de la volonté

Le fait que l'on détermine soi-même des lois qui sont universelles pourrait nous amener à croire que notre liberté n'est qu'une illusion – après tout, Kant ne nous dit-il pas simplement que nous devons librement accepter de respecter la morale chrétienne ? Si tel est le cas, peut-on encore affirmer que nous sommes libres ? La solution à ce problème s'apparente à ce dont nous avons parlé dans la section précédente : la liberté n'est pas une absence de déterminisme, mais plutôt la détermination de la volonté par la raison. En d'autres mots, la liberté est possible grâce à l'autonomie de la volonté, c'est-à-dire grâce à cette faculté que possède chaque être raisonnable de se donner ses propres lois. Ainsi le concept d'autonomie de la volonté est la clé de voûte de la morale kantienne : c'est elle qui garantit que la morale est bien une manifestation de la liberté ; c'est aussi elle qui nous assure que les lois que l'on se donne ne sont pas arbitraires ou d'une portée limitée à notre propre situation, mais qu'elles ont bien une valeur universelle.

UNE MORALE DU DEVOIR

À présent que nous avons présenté la conception kantienne de la liberté comme la capacité à utiliser sa raison de façon autonome – sur laquelle repose toute la philosophie morale de Kant – nous pouvons maintenant nous tourner vers la question morale qu'il aborde dans les *Fondements de la métaphysique des mœurs* : qu'est-ce que le *bien* moral ? D'emblée, il convient de préciser que pour Kant, seule une *action* peut être qualifiée de moralement « bonne », pas une personne. Une personne peut avoir une tendance au vice ou à la vertu, mais cela se mesure au fait qu'elle commet des actes vicieux ou vertueux – et ce sont ces actes qui seront l'objet du jugement moral kantien, et non celui qui les commet. Contrairement aux penseurs de l'éthique de la vertu[11], Kant ne croit pas que le but de la morale soit le développement de

---

11. Courant de pensée éthique qui s'intéresse davantage aux qualités morales des agents qu'au critère d'évaluation des actions. Parmi les penseurs de l'éthique de la vertu, on peut nommer Aristote pour l'Antiquité, David Hume pour la période moderne et Alasdair MacIntyre pour la période contemporaine.

La morale de Kant repose sur le concept de
devoir, qui exprime une obligation à agir souvent
contre nos désirs et parfois contre notre intérêt
personnel. *Le devoir* par Edmund Blair Leighton
(1883).

qualités individuelles comme le courage, la bienveillance, l'honnêteté
ou la générosité. En effet, la morale kantienne n'est pas élitiste, elle se
veut universelle et accessible à tous. Elle propose un système permettant à chaque individu, quels que soient son tempérament et ses qualités propres, de déterminer avec certitude si une action qu'il envisage
de faire est moralement bonne. Ce système se présente sous la forme
d'un raisonnement – le test d'universalisation de l'impératif catégorique
– qui, s'il est correctement appliqué, permet de déterminer de manière
infaillible si une action est conforme au devoir. Une action moralement
bonne est une action d'une part, qui est conforme au devoir, et, d'autre part, que nous faisons *parce que c'est notre devoir* de la faire – c'est
pour cela que la morale kantienne juge toujours l'*intention* de l'agent et
non pas les effets de son action.

L'impératif catégorique

La question abordée dans les *Fondements de la métaphysique des mœurs* est donc: qu'est-ce qu'une action *moralement* bonne? Il faut d'abord distinguer une action moralement bonne d'une action bonne sur le plan de son *efficacité*. On peut se demander quel est le meilleur moyen pour arriver à une fin donnée, mais ce n'est pas la même chose que de se demander si cette fin est moralement bonne. Par exemple, si je réfléchis au moyen le plus efficace pour tuer quelqu'un, je ne me demande pas s'il est moralement acceptable de commettre un meurtre! Donc, la question de la moralité d'une action est distincte de celle de son efficacité sur le plan pratique. Cette distinction est fondamentale pour Kant, car, selon lui, on ne doit pas juger la moralité d'une action sur ses résultats, mais sur l'intention de celui qui agit. Il explique au début de la première section et au moyen d'un raisonnement plutôt élégant pourquoi il fait ce choix: d'une part, la raison est incapable de déterminer avec certitude les moyens à entreprendre pour arriver à une fin donnée, parce qu'elle est limitée dans sa capacité à prévoir les tournures que peuvent prendre les événements, à calculer les possibilités d'effets que nos actions peuvent avoir, et ce d'autant plus que les autres êtres humains entreprennent eux aussi des choses qui pourraient interférer avec nos projets et en rendre l'issue encore plus imprévisible. Pour prévoir avec certitude les effets qu'une action produira, il faudrait être omniscient, c'est-à-dire qu'il faudrait connaître tous les paramètres qui peuvent l'influencer, y compris ce que les autres personnes feront. La raison ne nous permet pas de faire de tels pronostics, puisque son pouvoir se limite à distinguer l'universel du particulier et le nécessaire du contingent, c'est-à-dire à faire des raisonnements abstraits en utilisant les règles de la logique. C'est pourquoi Kant ne croit pas qu'une morale fondée sur la raison puisse déterminer les règles d'action à partir de leurs conséquences: parce que la raison n'a simplement pas le pouvoir de calculer avec suffisamment de certitude les effets possibles d'une action. De plus, une telle règle ne serait pas universelle parce qu'elle dépendrait des qualités de celui qui agit – son habileté, son expérience, son intelligence, sa sensibilité, etc. – et que ces qualités varient d'un individu à un autre. Donc, puisqu'on ne peut déterminer la moralité d'une action à partir de ses effets, on doit le faire à partir de l'intention de celui qui agit.

La fin ne justifie pas les moyens

On peut illustrer avec des exemples l'idée selon laquelle il faut juger une action sur l'intention de l'agent et non sur ses conséquences : imaginons que je veux aider un ami mais que, ce faisant, et sans l'avoir voulu, je cause du tort à une autre personne – peut-être par maladresse de ma part, ou par un malheureux concours de circonstances. Dans une telle situation, on ne serait pas porté à juger mon action comme étant *moralement* condamnable. On pourrait me reprocher d'avoir manqué d'habileté ou de sagesse, mais pas d'avoir enfreint une loi morale. Par contre, si je m'apprête à faire un mauvais coup, mais que, sans le vouloir, mon action permet, par un heureux concours de circonstances, d'éviter une catastrophe, on ne me féliciterait pas – on dirait plutôt que j'ai été chanceux ! C'est l'idée qu'exprime le fameux dicton : « c'est l'intention qui compte ». On retrouve aussi ce principe dans notre droit, qui reconnaît la valeur de l'intention dans le jugement d'une action : ainsi, par exemple, un homicide volontaire entraîne des sanctions beaucoup plus graves qu'un homicide involontaire. C'est aussi l'intention de l'agent qui explique la distinction entre le concept de *crime* et celui d'*accident*. En outre, si l'on juge une action sur ses conséquences plutôt que sur l'intention de l'agent, cela pourrait permettre de justifier la mise en œuvre des moyens moralement douteux pour arriver à une fin qui serait considérée comme bonne. C'est ce qu'exprime le dicton « la fin ne justifie pas les moyens » : si pour aider un ami je dois nuire à d'autres personnes, la fin (aider mon ami) ne justifie pas les moyens (nuire à d'autres personnes).

Impératifs catégoriques et hypothétiques

Pour pouvoir juger si mon intention est bonne, il faut que je m'assure qu'elle corresponde à ce que Kant appelle l'*impératif catégorique*. Un *impératif* est une règle que je m'impose à moi-même – plus précisément, que ma raison impose à ma volonté. Un impératif exprime une obligation que la raison conçoit de faire une certaine action. Il y a deux types d'impératifs : les impératifs *hypothétiques*, qui correspondent aux obligations d'utilité – « pour arriver à une telle fin, il faudrait utiliser tel moyen » – et les impératifs *catégoriques* qui correspondent aux obligations morales, et qui ne prennent pas en compte les considérations pratiques de moyens et de fins. L'impératif hypothétique dit : « dans telles

circonstances, et pour obtenir tel effet, il faudrait faire telle action»,
tandis que l'impératif catégorique dit «dans l'absolu, et quelles que
soient les circonstances, il faut faire (ou ne pas faire) telle action». L'impératif catégorique commande de faire quelque chose qui est *une fin en
soi* – on pourrait dire que l'impératif catégorique commande d'agir *par
principe*, de faire quelque chose non pas pour obtenir un certain résultat mais parce qu'on pense que cette chose est bonne en elle-même. Il
peut être soit positif (si c'est une obligation), soit négatif (si c'est une
interdiction).

La distinction entre les impératifs catégoriques et hypothétiques
correspond à celle que nous faisions plus haut entre l'*efficacité* et la *moralité* d'une action. L'impératif hypothétique énonce ce que l'on doit
faire pour arriver à un résultat souhaité – par exemple, si je veux obtenir mon diplôme, l'impératif hypothétique me commande d'assister à
mes cours, de faire mes lectures, d'étudier, etc. Mais cela n'indique au-
cunement que l'objectif que je me suis donné est *moralement bon* – seulement que c'est ce que je dois faire si je veux l'atteindre –, ni que je vais
l'atteindre, puisque je ne peux pas être certain que mes actions vont
avoir les effets que j'espère. L'impératif catégorique énonce quant à lui
ce que je dois faire pour agir *selon mon devoir moral*. Par exemple, si j'ai
l'opportunité de tricher à un examen sans risquer de me faire prendre,
l'impératif catégorique me commanderait de ne pas le faire, même si
l'impératif hypothétique, lui, pourrait me suggérer le contraire. L'impératif hypothétique n'énonce que des conseils ou des préceptes qui
sont relatifs – ils dépendent des circonstances de l'action et des désirs
de l'agent – tandis que l'impératif catégorique énonce les lois de la morale qui sont absolues – elles valent pour toutes les situations et pour
toutes les personnes. Cependant, dans un cas comme dans l'autre, je
suis libre d'y obéir ou d'y désobéir.

Première formulation : le test d'universalisation
    L'impératif catégorique est la formulation du commandement moral,
il exprime donc la règle d'une action qui est conforme au devoir. Kant
propose successivement deux formulations de cet impératif dans les
Fondements de la métaphysique des mœurs. La première formulation correspond au test d'universalisation, et c'est la suivante : «*Agis uniquement d'après la maxime qui fait que tu peux vouloir en même temps qu'elle*

devienne une loi universelle[12] ». La *maxime* d'une action est la règle que je me donne lorsque je décide de faire une action. Si, par exemple, je veux copier sur mon camarade à un examen parce que je n'ai pas eu le temps d'étudier la matière, la maxime de mon action serait : « Si tu n'as pas le temps d'étudier pour un examen, alors copie sur ton camarade ». Kant pense qu'en tant qu'êtres rationnels et libres, nous agissons toujours selon une maxime – ou, dit autrement, que pour chaque action que l'on pose, il est toujours possible d'en tirer une maxime. Une maxime est une *règle subjective* dans le sens où elle n'engage que celui qui la suit. Or le devoir est une *loi objective*, puisqu'il est universel et s'applique à tous les êtres humains et à toutes les situations. Le devoir ne dépend pas de ma volonté – je ne peux pas décider ce qui est et ce qui n'est pas mon devoir – par contre, ma raison me permet de découvrir quel est mon devoir – comme elle me permet de découvrir toutes les vérités des mathématiques.

Dans cette première formulation de l'impératif catégorique, Kant dit que pour savoir si l'action qu'on projette de faire est conforme au devoir, il faut *universaliser la maxime de notre action* – c'est pourquoi on appelle ce raisonnement le « test d'universalisation ». La question que je dois me poser est la suivante : puis-je vouloir, non pas simplement faire cette action-ci dans ce cas-ci, mais que tout le monde dans la même situation fasse cette même action ? Il est tout a fait possible de vouloir faire quelque chose en étant bien conscient qu'il serait impossible, ou non souhaitable, que tout le monde fasse la même chose. Mais le test d'universalisation exige que je sorte de ma subjectivité – de mes désirs, de mes intérêts, des objectifs que je me suis fixés – et que je me demande s'il est *possible* que je veuille que cette action devienne une loi universelle, à laquelle tous les êtres humains seraient soumis. Si je reprends l'exemple précédent (copier à un examen lorsqu'on n'a pas eu le temps d'étudier), on voit clairement qu'il est impossible de l'universaliser : je ne peux copier sur mon camarade que si le copiage est l'exception, et non la règle. Si le copiage à l'examen était une loi universelle – c'est-à-dire si tout le monde systématiquement copiait à tous les examens – alors le copiage deviendrait impossible puisqu'il n'y aurait plus personne sur qui copier ! Ainsi, je peux très bien vouloir copier dans ces circonstances-ci, mais je ne peux pas vouloir que le copiage devienne une loi universelle, puisque cette loi deviendrait aus-

12. *Fondements*, p. 109.

sitôt impossible à appliquer. En voulant faire du copiage une loi universelle, je me contredirais : je voudrais à la fois copier *et* rendre le copiage impossible. En d'autres mots : je peux souhaiter être une exception à la règle – qui est d'étudier pour son examen et de ne pas copier sur les autres –, mais je ne peux pas vouloir que mon exception devienne la règle car cette volonté même serait absurde.

L'exemple précédent montre bien le type d'impossibilité qui est en

Dans une société où le mensonge serait la norme, personne ne pourrait faire de promesse ou de contrat, car l'honnêteté et la vérité y seraient impossibles.

jeu dans le test d'universalisation. Quand je me demande si je peux universaliser la maxime de mon action, je ne dois pas considérer les *conséquences* de son universalisation – Kant, encore une fois, ne juge pas l'action sur ses conséquences mais sur l'intention de l'agent – mais la possibilité *logique* de son universalisation. Il est logiquement incohérent de vouloir quelque chose et en même temps de vouloir rendre cette chose impossible. Un autre exemple qui illustre bien l'impossibilité d'universaliser la maxime de son action est celui du mensonge : je peux vouloir mentir pour me sortir d'une mauvaise situation, mais je ne peux pas vouloir que le mensonge soit une loi universelle à laquelle tous les êtres humains seraient soumis, parce que le concept du mensonge ne pourrait pas exister si tout le monde mentait. Si je comprends ce que signifient « mentir » et « dire la vérité », c'est parce que le mensonge est l'exception et non la règle. Si tout le monde mentait systématiquement, on ne comprendrait pas ce que « mentir » veut dire, car ce serait la même chose que « parler ».

Grâce au test d'universalisation, on est capable de déterminer les lois morales du devoir : si la maxime de mon action réussit le test d'universalisation, alors l'action que j'envisage de faire est conforme au devoir ; si elle échoue le test, alors l'action est contraire au devoir. En appliquant le test d'universalisation, on peut voir que le mensonge, le meurtre, le vol, le suicide, etc. sont contraires au devoir parce qu'il est impossible de les universaliser sans que la volonté se contredise. En revanche, l'honnêteté, la bienveillance ou le développement de ses propres talents sont conformes au devoir. Le devoir exprime une obligation qui est *universelle* – ce n'est pas simplement *mon* devoir, c'est le devoir de tout être humain –, *inconditionnelle* – cette obligation ne dépend pas des circonstances de l'action –, et *absolue* – je n'ai pas la possibilité de m'y soustraire, la loi morale ne souffre aucune exception.

Deuxième formulation : le respect de la dignité humaine
Kant donne une seconde formulation à l'impératif catégorique qui est la suivante : « *Agis de telle sorte que tu traites l'humanité aussi bien dans ta personne que dans celle de tout autre toujours en même temps comme une fin, et jamais simplement comme un moyen*[13] ». À travers cette formulation, on peut voir que l'objectif de la morale kantienne est le respect de la dignité humaine. Il n'est pas moralement acceptable d'utiliser les autres – ou de s'utiliser soi-même – comme des instruments (des moyens) pour arriver à nos objectifs (nos fins). En effet, Kant distingue une *personne* d'un *objet* : un objet est quelque chose qui a une fonction, et dont la valeur dépend de son utilité pour nous. La valeur d'un objet est donc relative à sa fonction ; en revanche la valeur d'un être humain est absolue – elle ne dépend pas de son « utilité » ou de sa « fonction ». Le premier ministre a la même valeur en tant qu'être humain qu'un chômeur, même si l'on pourrait dire qu'ils n'ont pas la même « utilité » pour la société – ou en tout cas, qu'ils ne remplissent pas la même fonction sociale. Ce qui distingue un être humain d'un objet, c'est que l'objet peut être réduit à sa fonction alors que l'être humain possède toujours quelque chose de plus – la dignité, c'est-à-dire une valeur absolue qu'il tire non pas de sa position dans la société mais de sa liberté et de sa raison, c'est-à-dire des caractéristiques propres aux êtres humains.

13. *Fondements*, p. 118.

Un marteau est un objet qui me permet d'enfoncer un clou ; je peux donc l'utiliser comme *moyen* pour ma *fin* qui serait d'enfoncer un clou. Dire qu'il faut traiter l'humanité « jamais seulement comme un moyen et toujours aussi comme une fin » signifie que mon rapport à l'humanité ne doit pas se réduire à un rapport instrumental, à l'utilisation d'une personne comme d'un outil pour obtenir ce que je veux. Les êtres humains, contrairement aux marteaux et aux autres objets, sont des *fins en soi* : ils sont leur propre finalité, ils n'existent pas pour autre chose ; ils n'ont pas d'*utilité* mais une *dignité*. C'est pourquoi Kant dit qu'il est moralement inacceptable d'utiliser des personnes comme de simples moyens car cela revient à bafouer leur dignité.

Enfant servante de maison en Inde. En faisant de la dignité humaine la finalité de l'action, la morale de Kant condamne de façon inconditionnelle l'utilisation de personnes comme de simples moyens.

Cependant, dans la vie en société, il est impossible de ne jamais utiliser, jusqu'à un certain point, les personnes comme des moyens : en allant à l'épicerie, j'utilise le commis d'épicerie, mais aussi toutes les personnes qui ont travaillé à produire et à transporter les biens que j'achète, comme des moyens pour arriver à ma fin qui est de me procurer de la nourriture. En travaillant, j'utilise mon patron comme un moyen de gagner de l'argent, et mon patron m'utilise comme moyen pour faire fonctionner son entreprise. En allant à l'école, les étudiants utilisent leurs enseignants comme moyens pour obtenir leur diplôme et l'enseignant utilise ses étudiants comme moyens pour gagner sa vie... Bref, il est impossible de vivre en société sans utiliser *jusqu'à un certain point* les autres (et soi-même) comme des moyens. C'est pourquoi Kant dit qu'il faut traiter l'humanité *«jamais seulement* comme un moyen et *toujours aussi* comme une fin»: il ne faut pas que notre rapport à l'humanité se borne à des rapports d'exploitation, il faut toujours *aussi* respecter la dignité humaine et garder à l'esprit que les personnes ne sont pas de simples objets à notre disposition pour réaliser nos objectifs.

Enfin, il faut aussi noter que, dans cette formulation de l'impératif catégorique, Kant ne dit pas seulement qu'il faut respecter *les autres*, mais qu'il faut respecter l'humanité «aussi bien dans sa propre personne que dans celle des autres» – ainsi, Kant nous met en garde contre la possibilité de s'utiliser soi-même comme un moyen pour arriver à nos propres fins.

Agir par *devoir ou agir* conformément *au devoir*
L'impératif catégorique me permet d'évaluer si une action donnée est *conforme* au devoir ou *contraire* au devoir. Mais cela ne me permet pas d'évaluer si une action que j'envisage de faire et qui est conforme au devoir peut être qualifiée de moralement bonne, car, comme nous l'avons vu, c'est l'intention de l'agent qui détermine la moralité de son action. Plus précisément, une action moralement bonne est une action qui est une *fin en soi*, autrement dit, une action qui est faite *par principe*, par pur respect de la loi morale – et non par intérêt personnel, pour obtenir quelque chose en retour. Il est donc tout à fait possible que quelqu'un fasse une action qui est conforme au devoir – qui passe le test d'universalisation de l'impératif catégorique – mais qu'il la fasse pour un autre motif. Par exemple, si une personne très riche fait un don à un organisme caritatif, son action est conforme au devoir de bienveillance (il faut aider les autres lorsqu'on en a la possibilité), cependant il faudrait aussi savoir dans quelle intention l'action a été faite pour juger de

sa moralité : si le don a été fait par intérêt personnel – pour obtenir la reconnaissance des autres, pour avoir une déduction d'impôts ou pour gagner sa place au paradis – alors, il ne saurait être qualifié de moralement bon, parce que l'intention derrière l'action n'est pas de respecter son devoir de bienveillance mais d'obtenir un avantage pour soi-même. C'est ce que Kant exprime par la distinction entre *agir par devoir* et agir *conformément au devoir*. Agir par devoir, c'est agir par pur respect de la loi morale – c'est-à-dire agir parce que c'est notre devoir d'agir ainsi – alors qu'agir conformément au devoir, c'est agir pour un autre motif – parce qu'on a un intérêt personnel à le faire, parce qu'on a une disposition de caractère à agir de cette façon, parce que nous en tirons une certaine satisfaction, etc. Seule une action faite *par devoir* peut être qualifiée de moralement bonne dans la morale de Kant. Cette distinction peut sembler curieuse – après tout, si quelqu'un agit conformément au devoir, les conséquences ne sont-elles pas les mêmes que si l'action était faite par devoir ? – cependant elle correspond à la compréhension commune du bien moral : en effet, nous sommes plus facilement portés à féliciter quelqu'un qui fait une action désintéressée et gratuite que quelqu'un qui agit pour son intérêt personnel.

L'HUMANISME KANTIEN

La philosophie de Kant est profondément ancrée dans le Siècle des Lumières, traversée par les valeurs humanistes de son temps. Sur le plan éthique, cela se manifeste par son désir de fonder le critère du bien et du mal dans l'autonomie de la raison, ainsi que par son souci du respect de la dignité humaine qui constitue le fondement de sa morale. Sur le plan politique, il défend la tolérance religieuse, la liberté de croyance et la liberté d'expression, il s'oppose à la tyrannie et à toute forme de dogmatisme.

La sortie de l'état de minorité

Dans *Qu'est-ce que les Lumières ?*, Kant propose un projet politique pour le Siècle des Lumières : l'émancipation de l'humanité de toute forme de dogmatisme. « *Les Lumières sont ce qui fait sortir l'homme de la minorité qu'il doit s'imputer à lui-même. La minorité* consiste dans l'incapacité où il est de se servir de son intelligence sans être dirigé par autrui[14] ». La « minorité » est comprise ici dans un sens métaphorique : le mineur est celui qui, comme les enfants, a besoin des adultes parce que sa raison n'est pas suffisamment autonome. Il s'agit donc de permettre aux êtres humains de *penser par eux-mêmes* et, ce faisant, de les rendre plus libres. Nous avons vu plus haut que la conception kantienne de la liberté est *rationaliste* – la liberté est *l'usage rationnel de sa volonté*. À travers *Qu'est-ce que les Lumières ?*, nous pouvons voir que, pour Kant, la liberté est avant tout la capacité à penser par soi-même, que la véritable tyrannie n'est pas celle des dirigeants mais celle de l'ignorance et du dogmatisme, et que le véritable pouvoir n'est pas celui des États et des armées mais celui du savoir et de la critique. Ainsi, augmenter l'espace de liberté des individus ne passe pas fondamentalement par des réformes ou des révolutions politiques, mais par le libre exercice de sa raison, ce qui requiert la liberté d'expression dans l'espace public, mais aussi du courage et de la détermination de la part des individus – c'est pourquoi Kant dit que la devise des Lumières est « *Sapere aude* » : « Aie le courage de te servir de ton propre entendement ».

L'usage public et l'usage privé de la raison
    Dans *Qu'est-ce que les Lumières ?*, Kant distingue « l'usage public » de sa raison dans lequel on doit être libre, de « l'usage privé » de sa raison, dans lequel on doit au contraire obéir. Cette distinction est assez déroutante – d'abord, parce que Kant différencie plusieurs « usages » de la raison ; ensuite, parce qu'il en appelle à une certaine forme d'obéissance, ce qui semble contredire l'idée de l'autonomie de la raison ; enfin, parce que la distinction qu'il fait entre *public* et *privé* est très différente de l'acception courante. En effet, pour Kant, l'usage *privé* de sa raison est l'usage qu'on en fait dans le cadre de sa profession, c'est-à-dire en remplissant une certaine fonction au sein de la société. Par exemple, un enseignant fait un usage privé de sa raison lorsqu'il évalue ses étudiants, choisit la bonne façon d'expliquer sa matière, gère les conflits en classe, etc. Il s'agit bien d'un usage de sa raison, puisqu'il doit exercer son jugement, prendre des décisions, s'assurer de l'efficacité de son enseignement et de l'équité de ses évaluations. Cependant, il ne doit pas utiliser sa raison comme bon lui semble, mais en respectant un certain cadre de règles et d'exigences professionnelles : les contenus de cours,

14. *Lumières*, p. 155.

les règles d'évaluations, les principes pédagogiques notamment ne relèvent pas de son choix mais lui sont imposés par le ministère de l'Éducation, son établissement d'enseignement ou ses supérieurs. En ce sens, l'usage que l'enseignant fait de sa raison n'est pas libre, mais soumis à certaines contraintes extérieures à sa volonté.

L'usage *public* de sa raison est l'usage qu'on en fait en tant que citoyen prenant la parole dans un espace public. Plus précisément, c'est l'usage qu'on en fait en tant que citoyen *qui occupe telle fonction dans la société, et qui, par conséquent, peut avoir certaines idées à propos des problèmes que soulève la pratique de sa profession. Pour reprendre l'exemple de notre enseignant, on pourrait imaginer qu'il veuille critiquer certains contenus de cours qu'on lui demande d'enseigner, ou bien le fait que ses classes sont trop chargées, ou encore que tous ses étudiants n'ont pas acquis certaines compétences nécessaires pour réussir son cours. Il ferait alors un usage *public* de sa raison en exprimant son opinion sur une tribune publique, comme dans les colonnes d'un journal, lors d'une réunion pédagogique ou d'une assemblée syndicale. Pour le dire autrement, l'usage public de la raison correspond à la pensée critique, c'est-à-dire à la réflexion sur tous les problèmes engendrés par les lois, les institutions et toutes les contraintes qui encadrent l'usage privé de la raison.

Ainsi, Kant propose dans ce texte une sorte de programme politique plutôt surprenant : il dit que l'usage *privé* de la raison doit être soumis à l'obéissance, alors que l'usage *public* doit demeurer libre. En d'autres mots, dans l'exercice de nos fonctions, on ne doit pas s'octroyer le droit de remettre en question les exigences de notre profession, on doit *obéir* ; par contre, il revendique le droit de réfléchir à ces exigences et de les critiquer librement en dehors de notre travail, en s'adressant à ses concitoyens dans l'espace public. Ainsi, par exemple, un policier qui juge un ordre de ses supérieurs contraire à l'intérêt public ou à ses valeurs personnelles a le devoir d'y obéir, mais il devrait cependant aussi avoir le droit de s'exprimer librement dans les médias pour le dénoncer. Kant donne l'exemple d'un prêtre en disant qu'à la messe, il ne doit pas remettre en question le dogme de la religion qu'il prêche – ce qui serait contraire à ses obligations professionnelles –, cependant, il doit avoir le droit d'exercer son esprit critique comme bon lui semble dans l'espace public, en dehors de ses fonctions de prêtre.

Les limites de l'obéissance

Ce projet politique peut sembler très étonnant. Contrairement à d'autres penseurs du Siècle des Lumières comme Rousseau, Kant ne propose pas un projet révolutionnaire puisqu'il prône une certaine forme d'obéissance et un respect pour l'ordre établi. En effet, si tout le monde désobéissait dans l'usage privé de sa raison, la société serait plongée dans le chaos, car l'ordre social repose sur l'obéissance de tous les individus aux exigences de leurs fonctions sociales respectives. On pourrait objecter[15] qu'une telle proposition – d'obéir aux ordres de notre supérieur, mais avec le droit de les critiquer publiquement – peut être extrêmement dangereuse dans une situation où notre fonction sociale exigerait que nous fassions des choses inhumaines, comme ce fut le cas notamment dans l'Allemagne nazie. Un officier militaire à qui on ordonne de perpétrer un massacre n'a-t-il pas le *devoir* de désobéir, au nom du respect de la vie humaine ? Pourtant, lors du procès de Nuremberg où ont été jugés bon nombre d'officiers allemands, plus tard lors du procès d'Adolf Eichmann[16] (haut gradé SS qui a été jugé pour crime contre l'humanité à Jérusalem en 1961), les accusés se sont presque tous défendus en disant qu'ils ne faisaient qu'obéir, que les ordres venaient d'en haut – bref, qu'ils n'étaient pas responsables. Lors de son procès, Eichmann a d'ailleurs dit qu'il faisait son *devoir* de militaire ; et lorsqu'on lui a demandé ce qu'il voulait dire, il a invoqué Kant pour expliquer son concept de devoir ! Avec le recul, cette défense semble inadmissible ; on aurait envie de dire qu'il était de leur devoir de désobéir dans l'usage privé de leur raison étant données les circonstances.

Afin de défendre Kant face à cette accusation que l'exigence d'obéissance dans l'usage privé de la raison entraîne une déresponsabilisation des individus, ce qui permet au pouvoir en place de leur faire faire des choses moralement inacceptables, il faut insister sur l'importance de la liberté dans l'usage public de la raison. En effet, pas plus Eichmann que les autres officiers de l'État allemand n'avaient la liberté de critiquer publiquement ce qu'on leur demandait de faire dans leur travail.

---

15. C'est ce que fait Michel Onfray dans sa pièce de théâtre *Songe d'Eichmann*.
16. Voir l'excellent livre d'Hannah Arendt : *Eichmann à Jérusalem : un essai sur la banalité du mal* (1963).

L'Allemagne était alors un État totalitaire qui pratiquait une répression de toute forme de dissidence politique, si bien qu'un fonctionnaire désirant critiquer le système savait qu'il risquait sa vie en le faisant. Or, c'est précisément face à ce genre de tyrannie que Kant réclame la liberté dans l'usage public de la raison. Toute la pertinence de son projet politique réside dans sa foi envers le pouvoir de la critique dans un espace public libre et fertile : s'il avait été possible pour les officiers nazis de critiquer les ordres de leurs supérieurs, il est fort probable que la population allemande n'aurait pas accepté que l'armée commette en

Adolf Eichmann, officier SS du régime nazi, fut jugé et condamné à mort en 1961 a Jérusalem pour crime contre l'humanité. Il s'est défendu en disant qu'il n'avait fait qu'obéir aux ordres de ses supérieurs.

L'expérience de Stanley Milgram (1933-1984), menée aux États-Unis au début des années 1960 et reprise de nombreuses fois par la suite, démontre que des individus vivant dans une société libre ont une forte tendance à se soumettre à une figure d'autorité. L'obéissance que réclame Kant ferait-elle partie de la nature humaine ?

son nom de telles atrocités. L'obéissance que réclame Kant dans l'usage privé de la raison peut sembler inacceptable – surtout si l'on a à l'esprit les dérives possibles d'une obéissance aveugle aux ordres de nos supérieurs –, mais elle l'est seulement si elle n'est pas accompagnée de l'autre revendication politique de Kant : la liberté de critiquer et d'exposer notre critique au jugement de nos concitoyens.

L'émancipation de l'humanité par l'exercice de la pensée critique

Lorsque Kant écrit que « la diffusion des Lumières n'exige autre chose que la *liberté*, et encore la plus inoffensive de toutes les libertés, celle de faire *publiquement* usage de sa raison en toutes choses », on pourrait noter que cette liberté n'a en fait rien d'inoffensif. S'il n'affirme pas la nécessité de se soulever contre la tyrannie du pouvoir politique de son époque, sa revendication de rendre l'espace public libre contenait probablement à ses yeux les germes d'une véritable libération de l'humanité de toute forme de tyrannie. En effet, s'il était véritablement possible pour chaque être humain de réfléchir à toutes les contraintes auxquelles il est soumis, de les remettre en question, d'en proposer des améliorations, et de dialoguer avec tous les autres citoyens sur ces questions, alors les dirigeants politiques seraient contraints de prendre en compte ces critiques et de réformer les lois et les institutions dont les vices auront été dénoncés par les citoyens. Il ne s'agit donc pas d'un projet révolutionnaire, mais plutôt de rendre possible l'amélioration continuelle de la société à travers des réformes alimentées par la critique sociale, à laquelle tous doivent être libres de participer.

L'humanité comme fin en soi : le respect de la dignité humaine comme fondement de la morale

Comme nous l'avons vu avec la deuxième formulation de l'impératif catégorique, l'action morale doit toujours traiter les êtres humains comme des *fins* et jamais comme de simples *moyens*. Dire que les êtres humains sont des *fins en soi*, c'est dire qu'ils ne tirent pas leur valeur de leur utilité mais de leur humanité. Or, ce qui constitue la dignité humaine sont les deux caractéristiques qui, dans la conception kantienne de l'être humain, nous définissent et nous distinguent des autres animaux : la *rationalité* et la *liberté*. C'est parce que les êtres humains sont

Monument antiguerre Bittermark Manhall (Dortmund, Allemagne). Le fondement de la morale de Kant est le concept de dignité humaine, c'est-à-dire l'idée selon laquelle tous les êtres humains possèdent une valeur intrinsèque inaliénable.

libres et rationnels qu'ils doivent être respectés ; et ils ne doivent pas être respectés pour une fin quelconque, mais parce que c'est notre devoir, en tant qu'être libres et rationnels, de respecter les autres êtres libres et rationnels. Ainsi, le fondement même de toute la morale kantienne est le concept de dignité humaine, selon lequel les Hommes possèdent tous la même valeur et participent tous, malgré leurs différences, à l'universalité de la condition humaine ; ce qui nous oblige à agir envers eux de manière à ne pas bafouer leur liberté et leur intelligence, à faire preuve de tolérance et à contribuer au développement de toutes les facultés dont ils sont doués.

Königsberg i. Pr.   Kant.

Kant à Königsberg. Carte postale de 1908.

LA RÉSONANCE ACTUELLE DES *FONDEMENTS DE LA MÉTAPHYSIQUE DES MŒURS* ET DE *QU'EST-CE QUE LES LUMIÈRES* ?

La morale de Kant demeure une théorie éthique très influente, et le principe du respect de la dignité humaine et l'exigence d'universalité de nos maximes d'action continuent d'alimenter les débats, tant éthiques que politiques, autour du droit à la vie, du devoir professionnel, de l'instrumentalisation du vivant ou encore des droits de l'Homme. Dans notre contexte actuel, nous retiendrons deux questions que peut susciter la pensée de Kant : peut-on vraiment dire que le bien moral est *universel*, ou bien faut-il accepter qu'il est relatif aux différentes cultures et époques ? Kant a-t-il raison de faire de la dignité humaine le principe suprême de la morale au détriment de la recherche du bien commun ? Ensuite, nous tournerons notre attention sur John Rawls, un philosophe contemporain qui a fondé, à partir de l'éthique de Kant, une conception de la justice et du bien commun. Mais dans un premier temps, nous ferons le point, deux siècles après *Qu'est-ce que les Lumières* ?, sur le projet kantien de libérer l'humanité par le libre exercice de la raison dans l'espace public.

L'HÉRITAGE DE LA CRITIQUE KANTIENNE

Dans son livre intitulé *Critique de la raison cynique*, sorti à l'occasion du bicentenaire de la parution de la *Critique de la raison pure* de Kant, le philosophe allemand Peter Sloterdijk présume que, si Kant devait se réincarner par miracle aujourd'hui, nous aurions bien du mal à lui expliquer l'évolution du monde moderne depuis son appel au courage d'user librement de sa raison :

« Ne sont-ce pas de tristes fêtes, celles où les invités
espèrent secrètement que l'homme dont on célèbre le ju-
bilé soit empêché de venir, parce que les personnes qui se
réclament de lui devraient être couvertes de honte à son
apparition? Quelle figure ferions-nous devant le regard
pénétrant et profondément humain du philosophe?[17] »

Selon Sloterdijk, le projet de faire sortir l'humanité de son état de
minorité[18] s'est soldé par un échec : nous ne vivons pas dans un monde
éclairé par la raison mais dans un monde obscurci par le cynisme, cette
attitude qui se plaît à reconnaître les défauts de la société sans pour
autant souhaiter les corriger. Depuis Kant, les intellectuels ont élaboré
une multitude de critiques sociales[19] – critique du dogmatisme et des
idéologies, critique du capitalisme, de la mondialisation, de la pollu-
tion, de l'exploitation des travailleurs, de l'exportation de la misère, etc.
Le cynisme moderne que décrit Sloterdijk consiste à s'approprier ces
critiques – qui sont autant d'expressions de « l'usage public de la
raison » –, mais en refusant d'en tirer les conclusions, c'est-à-dire en
continuant à faire un « usage privé », obéissant de sa raison, et en s'ar-
rangeant avec sa conscience pour accommoder les contradictions inhé-
rentes à une telle attitude. Par exemple, un patron d'entreprise peut
tout à fait lire Marx et comprendre comment sa profession repose sur
l'exploitation de ses employés, mais continuer à les exploiter parce que
sa profession exige qu'il le fasse. Il sait très bien que s'il « désobéissait »
dans l'usage privé de sa raison, il perdrait son poste et qu'un autre prendrait aussitôt sa place sans que son geste n'ait eu la moindre
influence sur les problèmes qu'il aurait cherché à régler.

Ainsi, l'espoir que nourrissait Kant de voir les problèmes de la
société se résorber graduellement sous l'effet de l'exercice de la pensée
critique de tous dans un espace public libre et fertile, s'est plutôt soldé
par une multiplication des discours critiques qui ne font que nous

17. PETER SLOTERDIJK (1987). *Critique de la raison cynique*. Paris, Christian
    Bourgeois, p. 11.
18. Le projet de Kant exprimé dans *Qu'est-ce que les Lumières ?*
19. On peut donner comme exemple Marx, Freud, les philosophes de l'École
    de Frankfort (T. Adorno, M. Horkheimer ou H. Marcuse), les structuralistes
    français (C. Lévi-Strauss, R. Barthes, L. Althusser ou J. Lacan) et les post-
    structuralistes (J. Derrida, M. Foucault ou G. Deleuze) entre autres.

embarrasser et nous emplir d'une sensation d'impuissance : je sais que l'ordinateur sur lequel j'écris ce texte a été produit par des ouvriers chinois exploités et que sa fabrication et son transport ont contribué à la destruction de l'environnement, mais j'en ai besoin, je n'y peux rien, je ne suis pas personnellement responsable de tous ces problèmes. Pire, même si je décidais d'écrire avec de l'encre écologique sur du papier recyclé, cela ne changerait rien au système capitaliste qui engendre tous ces problèmes parce que ce système a la capacité de neutraliser mes gestes critiques en les transformant en de nouveaux produits – ce qui ne ferait finalement que déplacer le problème sans le régler. Ce sentiment d'impuissance face aux dysfonctions de la société engendrées par le système capitaliste, associé à une conscience éclairée de ces dysfonctions, est un trait caractéristique de notre époque « post-moderne » – c'est-à-dire postérieure au Siècle des Lumières, à son optimisme et à sa foi dans le pouvoir de la raison de résoudre tous nos problèmes sociaux et politiques.

L'autonomie de la raison face à la spécialisation des savoirs

Il serait bien sûr injuste de blâmer Kant pour le cynisme moderne – et ce n'est d'ailleurs pas ce que fait Sloterdijk. On pourrait cependant reprocher aux deux siècles qui ont suivi l'appel de Kant à faire un usage public libre de la raison d'avoir orienté le développement de la connaissance vers une spécialisation des savoirs plus que vers l'émancipation de l'humanité. Car loin de démocratiser le savoir, l'essor de la science amorcé sous l'impulsion des Lumières et qui se poursuit encore aujourd'hui, a rendu les connaissances inaccessibles au commun des mortels. Il est désormais impossible d'embrasser tout le savoir humain tant celui-ci est devenu complexe, volumineux et spécialisé ; et l'on se contente, si l'on est persévérant, d'acquérir suffisamment de connaissances dans un domaine précis, en laissant à d'autres le soin d'en faire autant dans les autres champs de la science. La conséquence de cet étrange état de fait est que, d'une part, l'humanité dans son ensemble n'a jamais autant amassé de savoir qu'aujourd'hui, mais que, d'autre part, ce savoir n'est pas véritablement assimilable dans sa globalité – même si l'Internet nous donne l'illusion que toute la connaissance humaine est disponible pour consultation à tout moment. Il n'est accessible que de façon partielle parce qu'il est impossible de tout connaître, si bien que nous constatons aujourd'hui que la multiplication du savoir

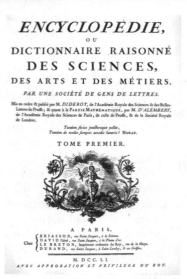

Multiplication et démocratisation du savoir sont-ils synonymes d'une plus grande liberté pour les individus ?

n'engendre pas plus de sagesse. De plus, la multiplication des connaissances qu'ont rendu possible « l'audace et la persévérance » réclamées par Kant dans *Qu'est-ce que les Lumières ?*, nous a paradoxalement rendus plus paresseux et moins courageux vis-à-vis du dogmatisme – dogmatisme dont le principal foyer n'est d'ailleurs plus l'Église, comme au temps de Kant, mais la science elle-même, à laquelle nous croyons désormais comme jadis nous croyions au sermon du prêtre... La science, qui s'est d'abord présentée comme la voie de notre libération, s'impose aujourd'hui comme une masse de savoir incommensurable, presque infinie, inaccessible tout en semblant toujours à notre disposition. En recherchant l'autonomie de la raison, nous nous sommes rendus paradoxalement encore plus dépendants du savoir des autres – des experts, des spécialistes, de tous ceux qui pensent pour nous.

UNIVERSALISME OU RELATIVISME MORAL ?

Dans le contexte actuel, la principale question que l'on peut adresser aujourd'hui à la morale kantienne porte sur son universalisme : est-il vrai de dire que l'idée du bien moral est inscrite dans la conscience de tout être raisonnable et qu'elle est donc identique pour toutes les sociétés et toutes les époques? Depuis le Siècle des Lumières, de nombreuses études ont été menées sur la diversité des coutumes et des conceptions du bien et du mal, au fur et à mesure que les Occidentaux ont découvert, étudié et (parfois) assujetti toutes les cultures du monde. Ces études tendent à montrer non pas que la morale est universelle, mais au contraire qu'elle manifeste une infinie variété de codes, de pratiques et de critères d'évaluation du bien et du mal, qui varient selon les cultures et les époques. Certains vont même jusqu'à affirmer que bien et mal sont des concepts fondamentalement occi-

Manifestant après la chute du président Mubarak, Égypte, février 2011. Sur la pancarte, on peut lire « Finalement : un pays libre ». Les révolutions, du 18e siècle à nos jours, sont-elles une preuve que la quête de liberté est une aspiration universelle ?

dentaux qui s'appliquent d'abord à notre société et que nous ne devrions pas essayer de les imposer aux autres. La conception morale qui découle du constat de la diversité des valeurs, des normes et des pratiques s'appelle le *relativisme* moral – c'est-à-dire l'idée selon laquelle la morale n'est pas absolue comme l'affirme Kant, mais qu'elle change d'une culture à une autre ou d'une époque à une autre, voire d'un individu à un autre, selon sa sensibilité, son éducation, son expérience, etc.

Le relativisme dans les débats contemporains

Le relativisme moral est loin d'être une position marginale en éthique, c'est même en un sens le point de vue dominant dans notre société, où il est souvent confondu avec l'exigence de tolérance vis-à-vis de la diversité des cultures et des religions : qui sommes-nous pour juger des pratiques sociales d'autres cultures ? N'est-ce pas une forme d'impérialisme culturel que de condamner ce que font les autres au moyen de nos propres concepts moraux? N'est-ce pas faire preuve de manque de respect pour les valeurs des autres? Comment pouvons-nous affirmer que nos valeurs sont meilleures que celles des autres? Ce genre de question sous-tend une large part des débats contemporains sur le multiculturalisme, les accommodements raisonnables, le financement public des écoles privées confessionnelles ou la laïcité des institutions publiques (Faut-il retirer le crucifix de l'Assemblée nationale? Faut-il interdire la prière au conseil municipal?). Pour schématiser, on pourrait dire que ces débats sont le théâtre de l'affrontement de deux points de vue opposés : d'un côté, les défenseurs du multiculturalisme soutiennent que notre société doit se montrer accommodante envers les minorités culturelles en leur permettant de vivre librement selon leurs croyances, d'affirmer leurs valeurs et de mener leur existence comme bon leur semble, dans la mesure où cela n'empêche pas les autres de faire de même. D'un autre côté, les défenseurs de l'intégrité culturelle de notre société voient d'un mauvais œil une trop grande ouverture de nos institutions et de nos lois aux demandes d'accommodement des minorités culturelles. Plusieurs vont même jusqu'à condamner la manifestation dans l'espace public de certaines pratiques propres à d'autres cultures (comme le port du voile islamique). Ils craignent que l'on ne perde une part de notre identité collective en laissant trop de place à la diversité des cultures au sein de notre société.

L'humanisme kantien au secours de l'universalisme moral

De quelle manière la pensée morale et politique de Kant peut-elle nous éclairer dans ces débats? Tout d'abord, nous pouvons dire que l'universalisme de sa morale nous permettrait de critiquer ceux qui défendent le multiculturalisme sur la base du relativisme moral. Nous pouvons en effet supposer qu'il rejetterait l'idée que sur les questions morales, « chacun a droit à son opinion », et qu'à ce titre, toutes les morales se valent. Par exemple, il n'accepterait pas que les droits des femmes soient bafoués au nom du respect de la diversité culturelle. D'un autre côté, il ne pourrait pas non plus embrasser la position de ceux qui affirment que notre culture doit être défendue à tout prix face à la pression démographique qu'elle subit sous l'effet de l'immigration, parce que cette position est, dans la plupart de ses formulations, incompatible avec le principe fondamental de sa morale : le respect de la dignité humaine.

En effet, en refusant à certains des droits qu'elle accorde à d'autres – comme celui de pratiquer sa religion et de défendre ses coutumes, qui est accordé aux membres de la communauté d'accueil, mais refusé aux minorités culturelles –, la position du repli identitaire ne respecte pas le principe de l'impératif catégorique. Ce dernier exige que l'on ne fasse pas d'exception, que l'on ne s'accorde pas à soi ce que l'on refuse aux autres, et que l'on reconnaisse la valeur égale de tous les êtres humains – bref, que l'on soit capable d'*universaliser la maxime de nos actions*. Par ailleurs, en affirmant la nécessité de limiter les libertés individuelles au nom d'un bien plus élevé – la stabilité sociale ou la défense de la culture – on met en quelque sorte l'individu au service de ce bien plus élevé. Kant ne pourrait accepter de brimer des droits individuels pour le bien de la collectivité, aussi élevé soit-il, car cela reviendrait à utiliser des personnes comme de simples moyens pour une fin qui serait le bien commun. Cela irait à l'encontre du principe exprimé dans la deuxième formulation de l'impératif catégorique de ne pas traiter l'humanité comme un simple moyen : la dignité humaine est une fin en soi, par rapport à laquelle tous les autres biens – y compris l'ordre social ou la survie de notre culture – n'existent que comme des moyens.

DIGNITÉ HUMAINE OU BIEN COMMUN ?

Ce dernier point – l'exigence de la morale kantienne de ne pas faire des individus les instruments du bien commun – peut être défendu dans d'autres débats que celui du multiculturalisme et des accommodements raisonnables. Par exemple, dans le discours sécuritaire des pouvoirs publics occidentaux qui s'est accentué depuis les attentats du 11 septembre 2001, on laisse entendre que la *sécurité nationale* est un bien supérieur – qui nous rappelle le concept quelque peu obsolète de « raison d'État » – au nom duquel les libertés individuelles peuvent être sacrifiées. Ainsi, des mesures de surveillance des individus, de contrôle de leurs déplacements – que ce soit les « *check-point* » israéliens aux abords de Gaza ou les restrictions sur les voyages aériens des ressortissants de certains pays –, de profilage racial, d'invasion de la vie privée, etc., ont été justifiées par la « guerre contre le terrorisme », ce qui revient à dire que le bien commun – la sécurité nationale, la lutte contre le terrorisme – est un bien supérieur au respect des droits individuels. Or, la morale de Kant est particulièrement adéquate pour critiquer ce genre de mesure, puisqu'en faisant de la dignité humaine le fondement

Fouille corporelle dans un aéroport. Dans la morale de Kant, la dignité humaine ne peut pas être subordonnée au bien commun, comme c'est souvent le cas avec l'application des mesures de sécurité.

de la morale, elle affirme la nécessité de ne pas subordonner le respect de l'humanité à une autre cause, aussi noble et importante puisse-t-elle paraître, parce qu'il n'existe finalement aucune cause plus noble et plus importante que celle du respect de la dignité humaine, et que toute action dégradante pour un être humain est une action moralement condamnable.

Les droits individuels face au bien commun

Cette attitude humaniste que l'on retrouve chez Kant est aussi le fondement du mouvement intellectuel et politique qui affirme le caractère inviolable de la dignité humaine et des droits humains, et dont on peut voir diverses manifestations juridiques, depuis la *Déclaration des droits de l'homme et du citoyen* (adoptée en 1789 par l'Assemblée nationale constituante lors de la Révolution française) jusqu'à la *Charte des droits et libertés de la personne* (adoptée en 1975 par l'Assemblée nationale du Québec) en passant par la *Déclaration universelle des droits de l'homme* (adoptée par l'ONU en 1948). Le fondement intellectuel de ces textes est résolument kantien, et il serait juste de dire qu'il s'oppose radicalement sur ce point à un autre grand courant de pensée éthique, l'*utilitarisme*, qui défend quant à lui, comme fondement de la morale, la recherche du plus grand bonheur du plus grand nombre.

Dans l'utilitarisme, une action est jugée bonne en fonction de sa capacité à produire du bonheur et à éviter du malheur, en prenant en compte toutes les personnes qui peuvent être touchées par les conséquences de l'action. Ainsi, si une action génère du bonheur chez beaucoup de personnes mais qu'elle génère du malheur chez un petit nombre de personnes, alors cette action sera jugée bonne. Or, si on reprend les deux exemples donnés précédemment – limiter les droits des minorités au nom de la défense de la culture de la société d'accueil, limiter les libertés des individus au nom de la sécurité nationale – on peut voir comment ils procèdent tous deux d'un raisonnement utilitariste : ce sont des moyens à prendre qui sont justifiés par une fin – le bien commun, ou autrement dit le plus grand bonheur du plus grand nombre. Dans l'utilitarisme, contrairement à la morale kantienne, la fin justifie toujours les moyens. En faisant du bien commun l'idéal moral, on peut justifier de sacrifier les droits et les libertés de certains individus. En d'autres mots, des actions inhumaines peuvent être autorisées par la poursuite du plus grand bonheur du plus grand nombre. C'est ce que l'on fait lorsqu'on dit, par exemple, que les assistés sociaux devraient travailler, car ils nous coûtent en ressources et n'apportent rien à la collectivité en retour : on dit que leur liberté et leur dignité valent moins que la prospérité ou la productivité de la société.

Ce genre de raisonnement met beaucoup d'utilitaristes mal à l'aise – et John Stuart Mill, principal artisan de cette théorie, a pris des moyens pour éviter ce type d'application inhumaine du principe d'utilité[20]. Cependant, toute morale qui pose comme fondement le bien commun et non la dignité humaine court le risque de glisser vers des raisonnements qui légitiment d'écraser l'individu pour le bien de la collectivité. Une des manifestations historiques les plus extrêmes de ce raisonnement se trouve dans le nazisme, qui affirmait que la grandeur de la nation allemande était un bien suprême au nom duquel les indi-

---

20. Notamment en faisant la distinction entre l'utilitarisme de la règle et l'utilitarisme de l'acte. Pour une explication lumineuse de l'utilitarisme, voir l'excellent commentaire de Joan Sénéchal paru dans *L'Utilitarisme* de John Stuart Mill, dans cette même collection.

vidus pouvaient être sacrifiés. Ainsi, il était possible de prôner l'élimination pure et simple de tous ceux qui étaient conçus comme des obstacles à la réalisation de cet idéal social. En affirmant que la dignité humaine est la seule chose qui mérite d'être respectée, la morale de Kant constitue un rempart infranchissable contre l'inhumanité potentielle de toute philosophie faisant du bonheur du plus grand nombre la finalité de l'action.

RAWLS ET LA QUESTION DE LA JUSTICE

© Harvard Gazette, photo Jane Reed

John Rawls (1921-2002), philosophe américain auteur de la *Théorie de la justice*, a refondé l'éthique et la philosophie politique contemporaine à partir de la morale de Kant.

Dans sa *Théorie de la justice* (1971), John Rawls (1921-2002) élabore, à partir des principes éthiques kantiens, une conception de la justice qui demeure un incontournable de la philosophie politique contemporaine. Selon lui, afin d'établir les principes et les institutions de justice d'une société idéale, il faut réfléchir à partir d'un point de vue « universel », c'est-à-dire détaché des circonstances particulières dans lesquelles nous vivons. C'est ce qu'il appelle la « position originelle », qui s'inspire de l'universalisme de la morale de Kant.

La position originelle

Afin de réfléchir aux principes de justice sur lesquels le contrat social devrait être fondé, Rawls propose une sorte d'expérience de pensée : imaginons une société idéale, parfaite, mais dans laquelle notre fonction sociale, notre niveau de prospérité et de bien-être nous seraient attribués au hasard. Dans cette société, les institutions, les lois et les opportunités devraient être le plus équitable possible, puisque nous devons pouvoir accepter d'y occuper n'importe quelle position.

Pour réaliser cette expérience de pensée, il faut se placer derrière un « voile d'ignorance », c'est-à-dire faire abstraction de notre situation actuelle dans la société, de nos privilèges, de nos compétences, de nos forces et de nos faiblesses. De cette façon, Rawls nous contraint à déterminer des principes de justice pour une société dans laquelle le bien-être est distribué équitablement, puisque, ne sachant pas quelle place nous allons y occuper, nous avons tout intérêt à ce qu'elle soit juste et à ce que le bien-être y soit équitablement distribué.

Cette expérience de pensée permet, selon Rawls, d'établir quels seraient les principes et les institutions formelles de justice dans une société idéale – la justice étant dans ce contexte comprise comme l'équité. La position originelle s'inspire largement du principe d'universalisation de la morale de Kant : lorsque j'applique l'impératif catégorique à la maxime de mon action, je dois me considérer comme un individu *lambda*, interchangeable avec tous les autres, et me demander s'il serait acceptable que l'action que je veux faire devienne la norme. Je dois donc éviter de me considérer comme une exception à la règle – or, c'est précisément ce que le « voile de l'ignorance » nous conduit à faire, puisqu'en imaginant la distribution idéale du bien-être, je dois éviter de prendre en compte les circonstances particulières dans lesquelles je vis. Il se peut que dans la réalité, j'occupe une place privilégiée par rapport aux autres, mais si je me place dans une perspective universelle, je ne peux pas souhaiter que certains individus souffrent de façon disproportionnée par rapport à d'autres.

La fiction méthodologique de la position originelle est aussi kantienne en ce sens qu'elle repose sur l'autonomie de la raison : il ne s'agit pas d'imposer dogmatiquement une conception de la justice, mais de permettre à chaque individu libre et rationnel de découvrir par lui-même des principes de justice qui ont une valeur universelle. Car si chacun applique la formule correctement, tout le monde devrait arriver au même résultat, c'est-à-dire une distribution équitable du bien-être. Cela correspond, dans la morale de Kant, au concept de devoir qui est universel même s'il est déterminé subjectivement.

Les deux principes de justice

À partir de la position originelle, Rawls établit deux principes de justice qui devraient prévaloir dans toute société juste. Le premier principe est celui de la liberté : chaque personne devrait avoir accès à un système de droits qui lui garantisse un maximum de libertés individuelles dans la mesure où cela ne nuit pas à la liberté des autres personnes. Dans ce premier principe, il s'agit de maximiser les libertés fondamentales garanties par les institutions d'État et de les équilibrer de telle sorte que les libertés des uns n'empiètent pas sur celles des autres. Ces libertés fondamentales s'apparentent à celles défendues par les Lumières : les droits politiques – le droit de voter et de se présenter aux élections, le droit de s'assembler –, la liberté d'expression, d'opinion et de conscience, le droit à un procès équitable, le droit à la propriété privée, la liberté d'entreprise, etc. Le deuxième principe de justice affirme que les institutions de la société devraient minimiser les inégalités sociales et économiques tout en permettant une égalité des chances. Ce deuxième principe est à la fois égalitaire – il a pour objectif l'équité dans la distribution du bien-être – et libéral – il prône l'équité vis-à-vis des opportunités.

Ces deux principes de justice donnent un fondement théorique kantien à la social-démocratie. Celle-ci défend la démocratie, le respect des droits individuels et des libertés fondamentales, la responsabilité de l'État dans la lutte contre les inégalités et l'égalité des chances dans la recherche du bonheur. Avec Rawls, ces valeurs trouvent une justification philosophique qui s'inspire directement de l'humanisme kantien ainsi que de l'universalisme de sa morale.

PISTES DE RÉFLEXION

1. La morale doit-elle nécessairement être le produit de la raison ? Les sentiments ne peuvent-ils pas nous aider dans nos jugements moraux ? En vous aidant des arguments de Kant, discutez des avantages et des limites d'une morale fondée sur les sentiments.

2. Si la morale est universelle et que nous avons tous et toujours les mêmes obligations morales, l'individu peut-il être libre tout en agissant moralement ?

3. Le devoir selon Kant est absolu et ne souffre aucune exception. Cette conception très rigide de la morale est-elle toujours applicable ? Illustrez votre réponse à l'aide d'exemples concrets.

4. Kant dit que le mensonge est toujours immoral, mais ne voyez-vous pas des situations où mentir serait préférable ? Que pourrait vous répondre Kant pour défendre son point ?

5. La notion de guerre « juste » est-elle compatible avec la morale de Kant ? En particulier, une guerre menée au nom de la liberté et de la démocratie vous semble-t-elle conforme à l'impératif catégorique ? Inversement : vous paraît-il moralement acceptable d'abandonner un peuple entre les mains d'un dictateur ?

6. La lutte contre le terrorisme justifie-t-elle que l'on remette en question des libertés fondamentales ? Inversement : doit-on à tout prix préserver les libertés fondamentales face à la menace terroriste ?

7. La liberté de la presse, l'accessibilité à l'information et la multiplication des sources d'information sont-elles synonymes de plus d'esprit critique ? Illustrez votre réponse avec des exemples concrets.

8. L'existence d'un espace public libre est-il une condition suffisante à une plus grande liberté individuelle ?

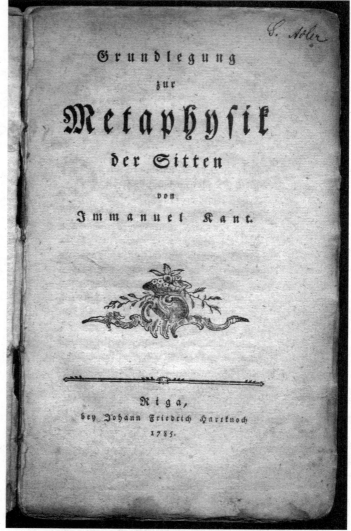

Page titre de la première édition allemande de *Fondements de la métaphysique des mœurs* **(1785).**

FONDEMENTS
DE LA MÉTAPHYSIQUE DES MŒURS

PRÉFACE

L'ancienne philosophie grecque se divisait en trois sciences : la PHY-SIQUE, l'ÉTHIQUE et la LOGIQUE. Cette division est parfaitement conforme à la nature des choses et l'on n'a guère d'autre perfectionnement à y apporter que celui qui consiste à y ajouter le principe sur lequel elle se fonde, afin que de cette façon on s'assure d'une part qu'elle est complète, que d'autre part l'on puisse déterminer exactement les subdivisions nécessaires.

Toute connaissance rationnelle ou bien est *matérielle* et se rapporte à quelque objet, ou bien est *formelle* et ne s'occupe que de la forme de l'entendement et de la raison en eux-mêmes et des règles universelles de la pensée en général sans acception d'objets. La philosophie formelle s'appelle LOGIQUE, tandis que la philosophie matérielle, celle qui a affaire à des objets déterminés et aux lois auxquelles ils sont soumis, se divise à son tour en deux. Car ces lois sont ou des lois de la *nature* ou des lois de la *liberté*. La science de la première s'appelle PHYSIQUE, celle de la seconde s'appelle ÉTHIQUE : celle-là est encore nommée philosophie naturelle, celle-ci philosophie morale.

La logique ne peut avoir de partie empirique, c'est-à-dire de partie où les lois universelles et nécessaires de la pensée s'appuieraient sur des principes qui seraient tirés de l'expérience : car autrement dit elle ne serait pas une logique, c'est-à-dire un canon pour l'entendement et la raison qui vaut pour toute pensée et qui doit être démontré. Au contraire, la philosophie naturelle aussi bien que la philosophie morale peuvent avoir chacune sa partie empirique, car il faut qu'elles assignent leurs lois, l'une à la nature en tant qu'objet d'expérience, l'autre à la volonté de l'homme en tant qu'elle est affectée par la nature : lois, dans le premier cas, d'après lesquelles tout arrive ; dans le second cas, d'après lesquelles tout doit arriver, mais en tenant compte pourtant encore des conditions qui font que souvent ce qui doit arriver n'arrive point.

On peut appeler *empirique* toute philosophie qui s'appuie sur des principes de l'expérience ; *pure*, au contraire, celle qui expose ses doctrines en partant uniquement de principes *a priori*. Celle-ci, lorsqu'elle est simplement formelle, se nomme *logique*, mais si elle est restreinte à des objets déterminés de l'entendement, elle se nomme *métaphysique*. De la sorte naît l'idée d'une double métaphysique, une *métaphysique de la nature* et une *métaphysique des mœurs*. La physique aura ainsi, outre sa partie empirique, une partie rationnelle ; de même l'éthique ; cependant ici la partie empirique pourrait recevoir particulièrement le nom d'*anthropologie pratique*, la partie rationnelle proprement celui de *morale*.

Toutes les industries, tous les métiers et tous les arts ont gagné à la division du travail. La raison en est qu'alors ce n'est pas un seul qui fait tout, mais que chacun se borne à une certaine tâche qui, par son mode d'exécution, se distingue sensiblement des autres, afin de pouvoir s'en acquitter avec la plus grande perfection possible et avec plus d'aisance. Là où les travaux ne sont pas ainsi distingués et divisés, où chacun est un artiste à tout faire, les industries restent encore dans la plus grande barbarie. Or, ce serait sans doute un objet qui en lui-même ne serait pas indigne d'examen que de se demander si la philosophie pure n'exige pas dans toutes ses parties un homme spécial qui soit à elle, et si, pour l'ensemble de cette industrie qui est la science, il ne vaudrait pas mieux que ceux qui sont habitués à débiter, conformément au goût du public, l'empirique mêlé au rationnel en toutes sortes de proportions qu'eux-mêmes ne connaissent pas, qui se qualifient eux-mêmes de vrais penseurs tandis qu'ils traitent de songe-creux ceux qui travaillent à la partie purement rationnelle, que ceux-là, dis-je, fussent avertis de ne pas mener de front deux occupations qui demandent à être conduites de façon tout à fait différente, dont chacune exige peut-être un talent particulier, et dont la réunion en une personne ne fait que des gâcheurs d'ouvrage. Néanmoins, je me borne ici à demander si la nature de la science ne requiert pas qu'on sépare toujours soigneusement la partie empirique de la partie rationnelle, qu'on fasse précéder la physique proprement dite (empirique) d'une métaphysique de la nature, d'autre part, l'anthropologie pratique d'une métaphysique des mœurs, qui devraient être soigneusement expurgées l'une et l'autre de tout élément empirique, cela afin de savoir tout ce que la raison pure peut faire dans les deux cas et à quelles sources elle puise elle-même cet enseignement *a priori* qui est le sien, que d'ailleurs cette dernière tâche soit entreprise par tous les moralistes (dont le nom est légion) ou seulement par quelques-uns qui s'y sentent appelés.

Comme mes vues portent ici proprement sur la philosophie morale, je limite à ces termes stricts la question posée : ne pense-t-on pas qu'il soit de la plus extrême nécessité d'élaborer une bonne fois une philosophie morale pure qui serait complètement expurgée de tout ce qui ne peut être qu'empirique et qui appartient à l'anthropologie? Car qu'il doive y avoir une telle philosophie, cela résulte en toute évidence de l'idée commune du devoir et des lois morales. Tout le monde doit convenir que pour avoir une valeur morale, c'est-à-dire pour fonder une obligation, il faut qu'une loi implique en elle une absolue nécessité, qu'il faut que ce commandement : «Tu ne dois pas mentir», ne se trouve pas seulement valable pour les hommes en laissant à d'autres êtres raisonnables la faculté de n'en tenir aucun compte, et qu'il en est de même de toutes les autres lois morales proprement dites; que par conséquent le principe de l'obligation ne doit pas être ici cherché dans la nature de l'homme, ni dans les circonstances où il est placé en ce monde, mais *a priori* dans les seuls concepts de la raison pure ; et que toute autre prescription qui se fonde sur des principes de la simple expérience, fût-elle à certains égards une prescription universelle, du moment que pour la moindre part, peut-être seulement par un mobile, elle s'appuie sur des raisons empiriques, si elle peut être appelée une règle pratique, ne peut jamais être dite une loi morale.

Ainsi non seulement les lois morales, y compris leurs principes, se distinguent essentiellement, dans toute connaissance pratique, de tout ce qui renferme quelque chose d'empirique, mais encore toute philosophie morale repose entièrement sur sa partie pure, et, appliquée à l'homme, elle ne fait pas le moindre emprunt à la connaissance de ce qu'il est (anthropologie); elle lui donne, au contraire, en tant qu'il est un être raisonnable, des lois *a priori*. Il est vrai que ces lois exigent encore une faculté de juger aiguisée par l'expérience, afin de discerner d'un côté dans quels cas elles sont applicables, afin de leur procurer d'autre part un accès dans la volonté humaine et une influence pour la pratique ; car l'homme, affecté qu'il est lui-même par tant d'inclinations, est bien capable sans doute de concevoir l'idée d'une raison pure pratique, mais n'a pas si aisément le pouvoir de la rendre efficace *in concreto* dans sa conduite.

Une métaphysique des mœurs est donc rigoureusement nécessaire, non pas seulement à cause d'un besoin de la spéculation, afin d'explorer la source des principes pratiques qui sont *a priori* dans notre raison, mais parce que la moralité elle-même reste exposée à toutes sortes de corruptions, aussi longtemps que manque ce fil conducteur et cette règle suprême qui permet de l'apprécier exactement. Car, lorsqu'il s'agit de ce qui doit être moralement bon, ce n'est pas assez qu'il y ait *conformité* à la loi morale, il faut encore que ce soit *pour la loi morale* que la chose se fasse ; sinon, cette conformité n'est que très accidentelle et très incertaine, parce que le principe qui est étranger à la morale produira sans doute de temps à autre ces actions conformes, mais souvent aussi des actions contraires à la loi. Or, la loi morale dans sa pureté et dans sa vérité (ce qui précisément en matière pratique est le plus important) ne doit pas être cherchée ailleurs que dans une philosophie pure ; aussi faut-il que celle-ci (la métaphysique) vienne en premier lieu ; sans elle il ne peut y avoir en aucune façon de philosophie morale. Je dirai même que celle qui mêle ces principes purs avec les principes empiriques ne mérite pas le nom de philosophie (car la philosophie se distingue précisément de la connaissance rationnelle commune en ce qu'elle expose dans une science à part ce que cette connaissance commune ne saisit que mélangé) ; elle mérite bien moins encore le nom de philosophie morale, puisque justement par cet amalgame elle porte atteinte à la pureté de la moralité elle-même et qu'elle va contre sa propre destination.

Qu'on n'aille pas croire cependant que ce qui est réclamé ici, on l'ait déjà dans la propédeutique que l'illustre Wolff a mise en tête de sa philosophie morale, je veux dire dans ce qu'il a appelé *philosophie pratique universelle*, et qu'ici par suite il n'y ait pas précisément un champ entièrement nouveau à fouiller. Justement parce qu'elle devait être une philosophie pratique universelle, ce qu'elle a considéré, ce n'a pas été une volonté de quelque espèce particulière, comme une volonté qui serait déterminée sans mobiles empiriques d'aucune sorte, tout à fait en vertu de principes *a priori* et qu'on pourrait nommer une volonté pure, mais le vouloir en général, avec toutes les actions et conditions qui dans ce sens général lui appartiennent ; elle se distingue donc d'une métaphysique des mœurs de la même façon que la logique générale se distingue de la philosophie transcendantale ; la logique générale, en effet, expose les opérations et les règles de la pensée en général tandis que la philosophie transcendantale expose uniquement les opérations et les règles spéciales de la pensée PURE, c'est-à-dire de la pensée par laquelle des objets sont connus complètement *a priori*. C'est que la métaphysique des mœurs doit examiner l'idée et les principes d'une volonté *pure* possible, non les actions et les conditions du vouloir humain en général, qui pour la plus grande part sont tirées de la psychologie. Le fait que dans la philosophie pratique générale il est aussi question (bien à tort cependant) de lois morales et de devoir, ne constitue aucune objection à ce que j'affirme. En effet, les auteurs de cette science restent encore fidèles en cela à l'idée qu'ils s'en font ; ils ne distinguent pas, parmi les principes de détermination, ceux qui, comme tels, sont représentés tout à fait *a priori* par la seule raison et sont proprement moraux, de ceux qui sont empiriques, que l'entendement érige en concepts généraux par la simple comparaison des expériences ; ils les considèrent au contraire sans avoir égard à la différence de leurs origines, ne tenant compte que de leur nombre plus ou moins grand (car, de leur point de vue, ils sont tous de la même espèce), et ils forment ainsi leur concept d'*obligation*, concept qui, à la vérité, n'est rien moins que moral ; mais le caractère en est tout ce qu'on peut attendre qu'il soit dans une philosophie qui, sur l'*origine* de tous les concepts pratiques possibles, ne décide nullement s'ils se produisent a priori ou simplement *a posteriori*.

Or, dans l'intention où je suis de publier un jour une *Métaphysique des mœurs*, je la fais précéder de ce livre qui en pose les fondements. Sans doute il n'y a à la rigueur, pour pouvoir la fonder, que la Critique d'une *raison pure pratique*, comme pour fonder la métaphysique il faut la Critique de la *raison pure spéculative* que j'ai déjà publiée. Mais, d'une part, la première de ces Critiques n'est pas d'une aussi extrême nécessité que la seconde, parce qu'en matière morale la raison humaine, même dans l'intelligence la plus commune, peut être aisément portée à un haut degré d'exactitude et de perfection, tandis que dans son usage théorique, mais pur, elle est tout à fait dialectique ; d'autre part, pour la Critique d'une raison pure pratique, si elle doit être complète, je crois indispensable que l'on se mette à même de montrer en même temps l'unité de la raison pratique avec la raison spéculative dans un principe commun ; car, en fin de compte, il ne peut pourtant y avoir qu'une seule et même raison, qui ne doit souffrir de distinction que dans ses applications. Or, je ne pourrais ici encore pousser mon travail à ce point d'achèvement sans introduire des considérations d'un tout autre ordre et sans embrouiller le lecteur. C'est pourquoi, au lieu du titre de *Critique de la raison pure pratique*, je me suis servi de *Fondements de la métaphysique des mœurs*.

Et comme aussi, en troisième lieu, une *Métaphysique des mœurs*, malgré ce que le titre a d'effrayant, peut néanmoins à un haut degré être populaire et appropriée à l'intelligence commune, je juge utile d'en détacher ce travail préliminaire où en sont posés les fondements, afin de n'avoir pas besoin dans la suite d'ajouter l'élément de subtilité inévitable en ces matières à des doctrines plus aisées à entendre.

Quant à ces *Fondements*, que je présente au public, ils ne sont rien de plus que la recherche et l'établissement du *principe suprême de la moralité*, ce qui suffit à constituer une tâche complète dans son plan et qu'il y a lieu de séparer de toute autre recherche morale. Sans doute mes assertions sur ce problème essentiel si important et qui, jusqu'à présent, n'a pas été encore, tant s'en faut, traité de façon satisfaisante, recevraient de l'application du principe à tout le système et de la puissance d'explication suffisante qu'il manifeste en tout une grande confirmation ; mais j'ai dû renoncer à cet avantage, qui au fond eût été plus d'accord avec mon amour-propre qu'avec l'intérêt de tous ; car la facilité à appliquer un principe ainsi que son apparente suffisance ne fournissent pas de démonstration absolument sûre de son exactitude ; elles suscitent plutôt un certain parti pris de ne pas l'examiner et l'apprécier en toute rigueur pour lui-même, sans égard aux conséquences.

J'ai suivi dans cet écrit la méthode qui est, à mon avis, la plus convenable, quand on veut procéder analytiquement de la connaissance commune à la détermination de ce qui en est le principe suprême, puis, par une marche inverse, redescendre synthétiquement de l'examen de ce principe et de ses sources à la connaissance commune où l'on en rencontre l'application. L'ouvrage se trouve donc ainsi divisé :

Première section : passage de la connaissance rationnelle commune de la moralité à la connaissance philosophique.

Deuxième section : passage de la philosophie morale populaire à la métaphysique des mœurs.

Troisième section : dernière démarche de la métaphysique des mœurs à la Critique de la raison pure pratique.

PREMIÈRE SECTION

PASSAGE DE LA CONNAISSANCE RATIONNELLE COMMUNE DE LA MORALITÉ À LA CONNAISSANCE PHILOSOPHIQUE

De tout ce qu'il est possible de concevoir dans le monde, et même en général hors du monde, il n'est rien qui puisse sans restriction être tenu pour bon, si ce n'est seulement une BONNE VOLONTÉ. L'intelligence, le don de saisir les ressemblances des choses, la faculté de discerner le particulier pour en juger, et les autres *talents* de l'esprit, de quelque nom qu'on les désigne, ou bien le courage, la décision, la persévérance dans les desseins, comme qualités du *tempérament*, sont sans doute à bien des égards choses bonnes et désirables ; mais ces dons de la nature peuvent devenir aussi extrêmement mauvais et funestes si la volonté qui doit en faire usage, et dont les dispositions propres s'appellent pour cela *caractère*, n'est point bonne. Il en est de même des *dons de la fortune.* Le pouvoir, la richesse, la considération, même la santé ainsi que le bien-être complet et le contentement de son état, ce qu'on nomme le *bonheur*, engendrent une confiance en soi qui souvent aussi se convertit en présomption, dès qu'il n'y a pas une bonne volonté pour redresser et tourner vers des fins universelles l'influence que ces avantages ont sur l'âme, et du même coup tout le principe de l'action ; sans compter qu'un spectateur raisonnable et impartial ne saurait jamais éprouver de satisfaction à voir que tout réussisse perpétuellement à un être que ne relève aucun trait de pure et bonne volonté, et qu'ainsi la bonne volonté paraît constituer la condition indispensable même de ce qui nous rend dignes d'être heureux.

Il y a, bien plus, des qualités qui sont favorables à cette bonne volonté même et qui peuvent rendre son œuvre beaucoup plus aisée, mais qui, malgré cela, n'ont pas de valeur *intrinsèque* absolue, et qui au contraire supposent toujours encore une bonne volonté. C'est là une condition qui limite la haute estime qu'on leur témoigne du reste avec raison, et qui ne permet pas de les tenir pour bonnes absolument. La modération dans les affections et les passions, la maîtrise de soi, la puissance de calme réflexion ne sont pas seulement bonnes à beaucoup d'égards, mais elles paraissent constituer une partie même de la valeur intrinsèque de la personne ; cependant il s'en faut de beaucoup qu'on puisse les considérer comme bonnes sans restriction (malgré la valeur inconditionnée que leur ont conférée les anciens). Car sans les principes d'une bonne volonté elles peuvent devenir extrêmement mauvaises ; le sang-froid d'un scélérat ne le rend pas seulement beaucoup plus dangereux, il le rend aussi immédiatement à nos yeux plus détestable encore que nous ne l'eussions jugé sans cela.

Ce qui fait que la bonne volonté est telle, ce ne sont pas ses œuvres ou ses succès, ce n'est pas son aptitude à atteindre tel ou tel but proposé, c'est seulement le vouloir ; c'est-à-dire que c'est en soi qu'elle est bonne ; et, considérée en elle-même, elle doit sans comparaison être estimée bien supérieure à tout ce qui pourrait être accompli par elle uniquement en faveur de quelque inclination et même, si l'on veut, de la somme de toutes les inclinations. Alors même que, par une particulière défaveur du sort ou par l'avare dotation d'une nature marâtre, cette volonté serait complètement dépourvue du pouvoir de faire aboutir ses desseins ; alors même que dans son plus grand effort elle ne réussirait à rien ; alors même qu'il ne resterait que la bonne volonté toute seule (je comprends par là, à vrai dire, non pas quelque chose comme un simple vœu, mais l'appel à tous les moyens dont nous pouvons disposer), elle n'en brillerait pas moins, ainsi qu'un joyau, de son éclat à elle, comme quelque chose qui a en soi sa valeur tout entière. L'utilité ou l'inutilité ne peut en rien accroître ou diminuer cette valeur. L'utilité ne serait en quelque sorte que la sertissure qui permet de mieux manier le joyau dans la circulation courante ou qui peut attirer sur lui l'attention de ceux qui ne s'y connaissent pas suffisamment, mais qui ne saurait avoir pour effet de le recommander aux connaisseurs ni d'en déterminer le prix.

Il y a néanmoins dans cette idée de la valeur absolue de la simple volonté, dans cette façon de l'estimer sans faire entrer aucune utilité en ligne de compte, quelque chose de si étrange que, malgré même l'accord complet qu'il y a entre elle et la raison commune, un soupçon peut cependant s'éveiller : peut-être n'y a-t-il là au fond qu'une transcendante chimère, et peut-être est-ce comprendre à faux l'intention dans laquelle la nature a délégué la raison au gouvernement de notre volonté. Aussi allons-nous, de ce point de vue, mettre cette idée à l'épreuve.

Dans la constitution naturelle d'un être organisé, c'est-à-dire d'un être conformé en vue de la vie, nous posons en principe qu'il ne se trouve pas d'organe pour une fin quelconque, qui ne soit du même coup le plus propre et le plus accommodé à cette fin. Or, si dans un être doué de raison et de volonté la nature avait pour but spécial sa *conservation*, son *bien-être*, en un mot son *bonheur*, elle aurait bien mal pris ses mesures en choisissant la raison de la créature comme exécutrice de son intention. Car, toutes les actions que cet être doit accomplir dans cette intention, ainsi que la règle complète de sa conduite, lui auraient été indiquées bien plus exactement par l'instinct, et cette fin aurait pu être bien plus sûrement atteinte de la sorte qu'elle ne peut jamais l'être par la raison ; et si à une telle créature la raison devait par surcroît échoir comme une faveur, elle n'aurait dû lui servir que pour faire des réflexions sur les heureuses dispositions de sa nature, pour les admirer, pour s'en réjouir et en rendre grâces à la Cause bienfaisante, mais non pour soumettre à cette faible et trompeuse direction sa faculté de désirer et pour se mêler gauchement de remplir les desseins de la nature ; en un mot, la nature aurait empêché que la raison n'allât verser dans un usage *pratique* et n'eût la présomption, avec ses faibles lumières, de se figurer le plan du bonheur et des moyens d'y parvenir ; la nature aurait pris sur elle le choix, non seulement des fins, mais encore des moyens mêmes, et avec une sage prévoyance elle les eût confiés ensemble simplement à l'instinct.

Au fait, nous remarquons que plus une raison cultivée s'occupe de poursuivre la jouissance de la vie et du bonheur, plus l'homme s'éloigne du vrai contentement. Voilà pourquoi chez beaucoup, et chez ceux-là mêmes qui ont fait de l'usage de la raison la plus grande expérience, il se produit, pourvu qu'ils soient assez sincères pour l'avouer, un certain degré de *misologie*, c'est-à-dire de haine de la raison. En effet, après avoir fait le compte de tous les avantages qu'ils retirent, je ne dis pas de la découverte de tous les arts qui constituent le luxe ordinaire, mais même des sciences (qui finissent par leur apparaître aussi comme un luxe de l'entendement), toujours est-il qu'ils trouvent qu'en réalité ils se sont imposé plus de peine qu'ils n'ont recueilli de bonheur ; aussi, à l'égard de cette catégorie plus commune d'hommes qui se laissent conduire de plus près par le simple instinct naturel et qui n'accordent à leur raison que peu d'influence sur leur conduite, éprouvent-ils finalement plus d'envie que de dédain, et en ce sens, il faut reconnaître que le jugement de ceux qui limitent fort et même réduisent à rien les pompeuses glorifications des avantages que la raison devrait nous procurer relativement au bonheur et au contentement de la vie, n'est en aucune façon le fait d'une humeur chagrine ou d'un manque de reconnaissance envers la bonté du gouvernement du monde, mais qu'au fond de ces jugements gît secrètement l'idée que la fin de leur existence est toute différente et beaucoup plus noble, que c'est à cette fin, non au bonheur, que la raison est spécialement destinée, que c'est à elle en conséquence, comme à la condition suprême, que les vues particulières de l'homme doivent le plus souvent se subordonner.

Puisqu'en effet la raison n'est pas suffisamment capable de gouverner sûrement la volonté à l'égard de ses objets et de la satisfaction de tous nos besoins (qu'elle-même multiplie pour une part), et qu'à cette fin un instinct naturel inné l'aurait plus sûrement conduite ; puisque néanmoins la raison nous a été départie comme puissance pratique, c'est-à-dire comme puissance qui doit avoir de l'influence sur la volonté, il faut que sa vraie destination soit de produire une *volonté bonne*, non pas *comme moyen* en vue de quelque autre fin, mais *bonne en soi-même* ; c'est par là qu'une raison était absolument nécessaire, du moment que partout ailleurs la nature, dans la répartition de ses propriétés, a procédé suivant des fins. Il se peut ainsi que cette volonté ne soit pas l'unique bien, le bien tout entier ; mais elle est néanmoins nécessairement le bien suprême, condition dont dépend tout autre bien, même toute aspiration au bonheur. Dans ce cas, il est parfaitement possible d'accorder avec la sagesse de la nature le fait que la culture de la raison, indispensable pour la première de ces fins qui est inconditionnée, quand il s'agit de la seconde, le bonheur, qui est toujours conditionnée, en limite de bien des manières et même peut en réduire à rien, au moins dans cette vie, la réalisation. En cela, la nature n'agit pas contre toute finalité ; car la raison qui reconnaît que sa plus haute destination pratique est de fonder une bonne volonté, ne peut trouver dans l'accomplissement de ce dessein qu'une satisfaction qui lui convienne, c'est-à-dire qui résulte de la réalisation d'une fin que seule encore une fois elle détermine, cela même ne dût-il pas aller sans quelque préjudice porté aux fins de l'inclination.

Il faut donc développer le concept d'une volonté souverainement estimable en elle-même, d'une volonté bonne indépendamment de toute intention ultérieure, tel qu'il est inhérent déjà à l'intelligence naturelle saine, objet non pas tant d'un enseignement que d'une simple explication indispensable, ce concept qui tient toujours la plus haute place dans l'appréciation de la valeur complète de nos actions et qui constitue la condition de tout le reste ; pour cela nous allons examiner le concept du DEVOIR, qui contient celui d'une bonne volonté, avec certaines restrictions, il est vrai, et certaines entraves subjectives, mais qui, bien loin de le dissimuler et de le rendre méconnaissable, le font plutôt ressortir par contraste et le rendent d'autant plus éclatant.

Je laisse ici de côté toutes les actions qui sont au premier abord reconnues contraires au devoir, bien qu'à tel ou tel point de vue elles puissent être utiles : car pour ces actions jamais précisément la question ne se pose de savoir s'il est possible qu'elles aient eu lieu *par devoir*, puisqu'elles vont même contre le devoir. Je laisse également de côté les actions qui sont réellement conformes au devoir, pour lesquelles les hommes n'ont *aucune inclination* immédiate, qu'ils n'en accomplissent pas moins cependant, parce qu'une autre inclination les y pousse. Car, dans ce cas, il est facile de distinguer si l'action conforme au devoir a eu lieu par devoir ou par vue intéressée. Il est bien plus malaisé de marquer cette distinction dès que l'action est conforme au devoir, et que par surcroît encore le sujet a pour elle une inclination immédiate. Par exemple, il est sans doute conforme au devoir que le débitant n'aille pas surfaire le client inexpérimenté, et même c'est ce que ne fait jamais dans tout grand commerce le marchand avisé ; il établit au contraire un prix fixe, le même pour tout le monde, si bien qu'un enfant achète chez lui à tout aussi bon compte que n'importe qui. On est donc *loyalement* servi : mais ce n'est pas à beaucoup près suffisant pour qu'on en retire cette conviction que le marchand s'est ainsi conduit par devoir et par des principes de probité ; son intérêt l'exigeait, et l'on ne peut pas supposer ici qu'il dût avoir encore par surcroît pour ses clients une inclination immédiate de façon à ne faire, par affection pour eux en quelque sorte, de prix plus avantageux à l'un qu'à l'autre. Voilà donc une action qui était accomplie, non par devoir, ni par inclination immédiate, mais seulement dans une intention intéressée.

Au contraire, conserver sa vie est un devoir, et c'est en outre une chose pour laquelle chacun a encore une inclination immédiate. Or, c'est pour cela que la sollicitude souvent inquiète que la plupart des hommes y apportent n'en est pas moins dépourvue de toute valeur intrinsèque et que leur maxime n'a aucun prix moral. Ils conservent la vie *conformément au devoir* sans doute, mais non *par devoir*. En revanche, que des contrariétés et un chagrin sans espoir aient enlevé à un homme tout goût de vivre, si le malheureux, à l'âme forte, est plus indigné de son sort qu'il n'est découragé ou abattu, s'il désire la mort et cependant conserve la vie sans l'aimer, non par inclination ni par crainte, mais par devoir, alors sa maxime a une valeur morale.

Être bienfaisant, quand on le peut, est un devoir, et de plus il y a de certaines âmes si portées à la sympathie, que même sans aucun autre motif de vanité ou d'intérêt elles éprouvent une satisfaction intime à répandre la joie autour d'elles et qu'elles peuvent jouir du contentement d'autrui, en tant qu'il est leur œuvre. Mais, je prétends que dans ce cas une telle action, si conforme au devoir, si aimable qu'elle soit, n'a pas cependant de valeur morale véritable, qu'elle va de pair avec d'autres inclinations, avec l'ambition par exemple qui, lorsqu'elle tombe heureusement sur ce qui est réellement en accord avec l'intérêt public et le devoir, sur ce qui par conséquent est honorable, mérite louange et encouragement, mais non respect ; car il manque à la maxime la valeur morale, c'est-à-dire que ces actions soient faites, non par inclination, mais *par devoir*. Supposez donc que l'âme de ce philanthrope soit assombrie par un de ces chagrins personnels qui étouffent toute sympathie pour le sort d'autrui, qu'il ait toujours encore le pouvoir de faire du bien à d'autres malheureux, mais qu'il ne soit pas touché de l'infortune des autres, étant trop absorbé par la sienne propre, et que, dans ces conditions, tandis qu'aucune inclination ne l'y pousse plus, il s'arrache néanmoins à cette insensibilité mortelle, et qu'il agisse, sans que ce soit sous l'influence d'une inclination, uniquement par devoir alors seulement son action a une véritable valeur morale. Je dis plus : si la nature avait mis au cœur de tel ou tel peu de sympathie, si tel homme (honnête du reste) était froid par tempérament et indifférent aux souffrances d'autrui, peut-être parce qu'ayant lui-même en partage contre les siennes propres un don spécial d'endurance et d'énergie patiente, il suppose aussi chez les autres ou exige d'eux les mêmes qualités ; si la nature n'avait pas formé particulièrement cet homme (qui vraiment ne serait pas son plus mauvais ouvrage) pour en faire un philanthrope, ne trouverait-il donc pas encore en lui de quoi se donner à lui-même une valeur bien supérieure à celle que peut avoir un tempérament naturellement bienveillant ? À coup sûr ! Et c'est ici précisément qu'apparaît la valeur du caractère, valeur morale et incomparablement la plus haute, qui vient de ce qu'il fait le bien, non par inclination, mais par devoir.

Assurer son propre bonheur est un devoir (au moins indirect) ; car le fait de ne pas être content de son état, de vivre pressé de nombreux soucis et au milieu de besoins non satisfaits pourrait devenir aisément une grande *tentation d'enfreindre ses devoirs*. Mais ici encore, sans regarder au devoir, tous les hommes ont déjà d'eux-mêmes l'inclination au bonheur la plus puissante et la plus intime, parce que précisément dans cette idée du bonheur toutes les inclinations s'unissent en un total. Seulement le précepte qui commande de se rendre heureux a souvent un tel caractère qu'il porte un grand préjudice à quelques inclinations, et que pourtant l'homme ne peut se faire un concept défini et sûr de cette somme de satisfaction à donner à toutes qu'il nomme le bonheur ; aussi n'y a-t-il pas lieu d'être surpris qu'une inclination unique, déterminée quant à ce qu'elle promet et quant à l'époque où elle peut être satisfaite, puisse l'emporter sur une idée flottante, qu'un goutteux, par exemple, puisse mieux aimer savourer ce qui est de son goût, quitte à souffrir ensuite, parce que, selon son calcul, au moins dans cette circonstance, il ne s'est pas, par l'espérance peut-être trompeuse d'un bonheur qui doit se trouver dans la santé, privé de la jouissance du moment présent. Mais dans ce cas également, si la tendance universelle au bonheur ne déterminait pas sa volonté, si la santé pour lui du moins n'était pas une chose qu'il fût si nécessaire de faire entrer dans ses calculs, ce qui resterait encore ici, comme dans tous les autres cas, c'est une loi, une loi qui lui commande de travailler à son bonheur, non par inclination, mais par devoir, et c'est par là seulement que sa conduite possède une véritable valeur morale.

Ainsi doivent être sans aucun doute également compris les passages de l'écriture où il est ordonné d'aimer son prochain, même son ennemi. Car l'amour comme inclination ne peut pas se commander ; mais faire le bien précisément par devoir, alors qu'il n'y a pas d'inclination pour nous y pousser, et même qu'une aversion naturelle et invincible s'y oppose, c'est là un amour *pratique* et non *pathologique* qui réside dans la volonté, et non dans le penchant de la sensibilité, dans des principes de l'action et non dans une compassion amollissante ; or, cet amour est le seul qui puisse être commandé.

Voici la seconde proposition : une action accomplie par devoir tire sa valeur morale *non pas du but* qui doit être atteint par elle, mais de la maxime d'après laquelle elle est décidée ; elle ne dépend donc pas de la réalité de l'objet de l'action, mais uniquement du *principe du vouloir* d'après lequel l'action est produite sans égard à aucun des objets de la faculté de désirer. Que les buts que nous pouvons avoir dans nos

actions, que les effets qui en résultent, considérés comme fins et mobiles de la volonté, ne puissent communiquer à ces actions aucune
valeur absolue, aucune valeur morale, cela est évident par ce qui précède. Où donc peut résider cette valeur, si elle ne doit pas se trouver
dans la volonté considérée dans le rapport qu'elle a avec les effets at-
tendus de ces actions? Elle ne peut être nulle part ailleurs que *dans le
principe de la volonté*, abstraction faite des fins qui peuvent être réalisées
par une telle action ; en effet, la volonté placée juste au milieu entre son
principe *a priori* qui est formel, et son mobile *a posteriori* qui est matériel, est comme à la bifurcation de deux routes ; et puisqu'il faut pourtant qu'elle soit déterminée par quelque chose, elle devra être
déterminée par le principe formel du vouloir en général, du moment
qu'une action a lieu par devoir ; car alors tout principe matériel lui est
enlevé.

Quant à la troisième proposition, conséquence des deux précédentes, je l'exprimerais ainsi : *le devoir est la nécessité d'accomplir une
action par respect pour la loi*. Pour l'objet conçu comme effet de l'action
que je me propose, je peux bien sans doute avoir de l'*inclination*, mais
jamais du respect, précisément parce que c'est simplement un effet, et
non l'activité d'une volonté. De même, je ne peux avoir de respect pour
une inclination en général, qu'elle soit mienne ou d'un autre ; je peux
tout au plus l'approuver dans le premier cas, dans le second cas aller
parfois jusqu'à l'aimer, c'est-à-dire la considérer comme favorable à mon
intérêt propre. Il n'y a que ce qui est lié à ma volonté uniquement
comme principe et jamais comme effet, ce qui ne sert pas à mon inclination, mais qui la domine, ce qui du moins empêche entièrement
qu'on en tienne compte dans la décision, par suite la simple loi pour
elle-même, qui puisse être un objet de respect et par conséquent être
un commandement. Or, si une action accomplie par devoir doit ex-
clure complètement l'influence de l'inclination et avec elle tout objet
de la volonté, il ne reste rien pour la volonté qui puisse la déterminer,
si ce n'est objectivement la *loi*, et subjectivement un *pur respect* pour
cette loi pratique, par suite la maxime[21] d'obéir à cette loi, même au
préjudice de toutes mes inclinations.

---

21. On entend par *maxime* le principe subjectif du vouloir ; le principe objectif
    (c'est-à-dire le principe qui servirait aussi subjectivement de principe pratique
    à tous les êtres raisonnables, si la raison avait plein pouvoir sur la faculté de
    désirer) est la *loi* pratique. [Note de Kant]

Ainsi, la valeur morale de l'action ne réside pas dans l'effet qu'on en attend, ni non plus dans quelque principe de l'action qui a besoin d'emprunter son mobile à cet effet attendu. Car tous ces effets (contentement de son état, et même contribution au bonheur d'autrui) pourraient être aussi bien produits par d'autres causes ; il n'était donc pas besoin pour cela de la volonté d'un être raisonnable. Et cependant, c'est dans cette volonté seule que le souverain bien, le bien inconditionné, peut se rencontrer. C'est pourquoi *se représenter la loi* en elle-même, *ce qui à coup sûr n'a lieu que dans un être raisonnable*, et faire de cette représentation, non de l'effet attendu, le principe déterminant de la volonté, cela seul peut constituer ce bien si excellent que nous qualifions de moral, présent déjà dans la personne même qui agit selon cette idée, mais qu'il n'y a pas lieu d'attendre seulement de l'effet de son action[22].

Mais quelle peut donc être cette loi dont la représentation, sans même avoir égard à l'effet qu'on en attend, doit déterminer la volonté

22. On pourrait m'objecter que sous le couvert du terme de respect je ne fais que me réfugier dans un sentiment obscur, au lieu de porter la lumière dans la question par un concept de la raison. Mais, quoique le respect soit un sentiment, ce n'est point cependant un sentiment reçu par influence ; c'est, au contraire, un sentiment *spontanément produit* par un concept de la raison, et par là même spécifiquement distinct de tous les sentiments du premier genre, qui se rapportent à l'inclination, ou à la crainte. Ce que je reconnais immédiatement comme loi pour moi, je le reconnais avec un sentiment de respect qui exprime simplement la conscience que j'ai de la *subordination* de ma volonté à une loi sans entremise d'autres influences sur ma sensibilité, la détermination immédiate de la volonté par la loi et la conscience que j'en ai, c'est ce qui s'appelle le *respect*, de telle sorte que le respect doit être considéré, non comme la *cause* de la loi, mais comme l'*effet* de la loi sur le sujet à proprement parler. Le respect est la représentation d'une valeur qui porte préjudice à mon amour-propre. Par conséquent, c'est quelque chose qui n'est considéré ni comme objet d'inclination, ni comme objet de crainte, bien qu'il ait quelque analogie avec les deux à la fois. L'*objet* du respect est donc simplement la loi, loi telle que nous nous l'imposons à *nous-mêmes*, et cependant comme nécessaire en soi. En tant qu'elle est la loi, nous lui sommes soumis, sans consulter l'amour-propre ; en tant que c'est par nous qu'elle nous est imposée, elle est une conséquence de notre volonté ; au premier point de vue elle a de l'analogie avec la crainte ; au second, avec l'inclination. Tout respect pour une personne n'est proprement que respect pour la loi (loi d'honnêteté, etc.) dont cette personne nous donne l'exemple. Puisque nous considérons aussi comme un devoir d'étendre nos talents, nous voyons de même dans une personne qui a des talents comme l'*exemple d'une loi* (qui nous commande de nous exercer à lui ressembler en cela), et voilà ce qui constitue notre respect. Tout ce qu'on désigne sous le nom d'*intérêt moral* consiste uniquement dans le respect pour la loi. [Note de Kant]

pour que celle-ci puisse être appelée bonne absolument et sans restriction ? Puisque j'ai dépossédé la volonté de toutes les impulsions qui
pourraient être suscitées en elle par l'idée des résultats dus à l'observation de quelque loi, il ne reste plus que la conformité universelle des actions à la loi en général, qui doit seule lui servir de principe ; en d'autres
termes, je dois toujours me conduire de telle sorte *que je puisse aussi
vouloir que ma maxime devienne une loi universelle*. Ici donc c'est la simple conformité à la loi en général (sans prendre pour base quelque loi
déterminée pour certaines actions) qui sert de principe à la volonté, et
qui doit même lui servir de principe, si le devoir n'est pas une illusion
vaine et un concept chimérique. Avec ce qui vient d'être dit, la raison
commune des hommes, dans l'exercice de son jugement pratique, est
en parfait accord, et le principe qui a été exposé, elle l'a toujours devant
les yeux.

Soit, par exemple, la question suivante : ne puis-je pas, si je suis
dans l'embarras, faire une promesse avec l'intention de ne pas la tenir ?
Je distingue ici aisément entre les sens que peut avoir la question : de-
mande-t-on s'il est prudent ou s'il est conforme au devoir de faire une
fausse promesse ? Cela peut être sans doute prudent plus d'une fois. À
la vérité, je vois bien que ce n'est pas assez de me tirer, grâce à ce sub-
terfuge, d'un embarras actuel, qu'il me faut encore bien considérer si de
ce mensonge ne peut pas résulter pour moi dans l'avenir un désagré-
ment bien plus grand que tous ceux dont je me délivre pour l'instant ;
et comme, en dépit de toute ma prétendue *finesse*, les conséquences ne
sont pas si aisées à prévoir que le fait d'avoir une fois perdu la confiance
d'autrui ne puisse m'être bien plus préjudiciable que tout le mal que je
songe en ce moment à éviter, n'est-ce pas agir *avec plus de prudence* que
de se conduire ici d'après une maxime universelle et de se faire une habitude de ne rien promettre qu'avec l'intention de le tenir ? Mais il me
paraît ici bientôt évident qu'une telle maxime n'en est pas moins toujours uniquement fondée sur les conséquences à craindre. Or c'est
pourtant tout autre chose que d'être sincère par devoir, et de l'être par
crainte des conséquences désavantageuses ; tandis que dans le premier
cas le concept de l'action en soi-même contient déjà une loi pour moi,
dans le second cas il faut avant tout que je cherche à découvrir autre
part quels effets peuvent bien être liés pour moi à l'action. Car, si je
m'écarte du principe du devoir, ce que je fais est certainement tout à fait
mal ; mais si je suis infidèle à ma maxime de prudence, il peut, dans cer-

tains cas, en résulter pour moi un grand avantage, bien qu'il soit en vérité plus sûr de m'y tenir. Après tout, en ce qui concerne la réponse à
cette question, si une promesse trompeuse est conforme au devoir, le
moyen de m'instruire le plus rapide, tout en étant infaillible, c'est de me
demander à moi-même : accepterais-je bien avec satisfaction que ma
maxime (de me tirer d'embarras par une fausse promesse) dût valoir
comme une loi universelle (aussi bien pour moi que pour les autres) ?
Et, pourrais-je bien me dire : tout homme peut faire une fausse promesse quand il se trouve dans l'embarras et qu'il n'a pas d'autre moyen
d'en sortir ? Je m'aperçois bientôt ainsi que si je peux bien vouloir le
mensonge, je ne peux en aucune manière vouloir une loi universelle
qui commanderait de mentir ; en effet, selon une telle loi, il n'y aurait
plus à proprement parler de promesse, car il serait vain de déclarer ma
volonté concernant mes actions futures à d'autres hommes qui ne croi-
raient point à cette déclaration ou qui, s'ils y ajoutaient foi étourdi-
ment, me payeraient exactement de la même monnaie : de telle sorte
que ma maxime, du moment qu'elle serait érigée en loi universelle, se
détruirait elle-même nécessairement.

Donc, pour ce que j'ai à faire afin que ma volonté soit moralement
bonne, je n'ai pas précisément besoin d'une subtilité poussée très loin.
Sans expérience quant au cours du monde, incapable de parer à tous
les événements qui s'y produisent, il suffit que je demande : peux-tu
vouloir aussi que ta maxime devienne une loi universelle ? Si tu ne le
veux pas, la maxime est à rejeter, et cela en vérité non pas à cause d'un
dommage qui peut en résulter pour toi ou même pour d'autres, mais
parce qu'elle ne peut pas trouver place comme principe dans une
législation universelle possible ; pour une telle législation en retour la
raison m'arrache un respect immédiat ; et si pour l'instant je ne saisis
pas encore sur quoi il se fonde (ce qui peut être l'objet des recherches
du philosophe), il y a du moins ceci que je comprends bien, c'est que
c'est l'estimation d'une valeur de beaucoup supérieure à la valeur de
tout ce qui est mis à un haut prix par l'inclination, et que c'est la nécessité où je suis d'agir par *pur* respect pour la loi pratique qui constitue le devoir, le devoir auquel il faut que tout autre motif cède, car il
est la condition d'une volonté bonne en soi dont la valeur passe tout.

Ainsi donc, dans la connaissance morale de la raison humaine commune, nous sommes arrivés à ce qui en est le principe, principe qu'à
coup sûr elle ne conçoit pas ainsi séparé dans une forme universelle,

mais qu'elle n'en a pas moins toujours réellement devant les yeux et qu'elle emploie comme règle de son jugement. Il serait ici aisé de montrer comment, ce compas à la main, elle a dans tous les cas qui surviennent la pleine compétence qu'il faut pour distinguer ce qui est bien, ce qui est mal, ce qui est conforme ou contraire au devoir, pourvu que, sans rien lui apprendre le moins du monde de nouveau, on la rende attentive, comme le faisait Socrate, à son propre principe, de montrer par la suite qu'il n'est besoin ni de science, ni de philosophie pour savoir ce qu'on a à faire, pour être honnête et bon, même sage et vertueux. L'on pouvait même bien supposer déjà d'avance que la connaissance de ce qu'il appartient à tout homme de faire, et par conséquent encore de savoir, doit être aussi le fait de tout homme, même du plus commun. Ici l'on ne peut point considérer sans admiration combien, dans l'intelligence commune de l'humanité, la faculté de juger en matière pratique l'emporte de tout point sur la faculté de juger en matière théorique. Dans l'usage de cette dernière, quand la raison commune se risque à s'éloigner des lois de l'expérience et des perceptions des sens, elle tombe dans de manifestes absurdités et dans des contradictions avec elle-même, tout au moins dans un chaos d'incertitudes, d'obscurités et d'inconséquences. En matière pratique, au contraire, la faculté de juger commence précisément surtout à bien manifester ses avantages, lorsque l'intelligence commune exclut des lois pratiques tous les mobiles sensibles. Celle-ci devient même subtile alors, soit qu'elle veuille chicaner avec sa conscience ou avec d'autres prétentions concernant ce qui doit être qualifié d'honnête, soit même qu'elle veuille pour son instruction propre déterminer avec exactitude la valeur des actions ; et, ce qui est le principal, elle peut, dans ce dernier cas, espérer y toucher juste tout aussi bien que peut se le promettre n'importe quel philosophe ; bien plus, elle est en cela presque plus sûre encore que le philosophe, car celui-ci ne saurait avoir d'autre principe qu'elle, et il peut d'autre part laisser aisément son jugement s'embrouiller par une foule de considérations étrangères qui n'appartiennent pas au sujet, et le faire dévier de la droite voie. Dès lors, ne serait-il pas plus à propos de s'en tenir, dans les choses morales, au jugement de la raison commune, et de n'introduire tout au plus la philosophie que pour exposer le système de la moralité d'une façon plus complète et plus claire, que pour présenter les règles qui la concernent d'une façon plus commode pour l'usage (et plus encore pour la discussion), mais non pour dépouiller l'intelligence humaine commune, même au point de vue pratique, de son heureuse simplicité, et pour l'engager par la philosophie dans une nouvelle voie de recherches et d'instruction ?

C'est une belle chose que l'innocence ; le malheur est seulement qu'elle sache si peu se préserver, et qu'elle se laisse si facilement séduire. Voilà pourquoi la sagesse même – qui consiste d'ailleurs bien plus dans la conduite que dans le savoir – a cependant encore besoin de la science, non pour en tirer des enseignements, mais pour assurer à ses prescriptions l'influence et la consistance. L'homme sent en lui-même, à l'encontre de tous les commandements du devoir que la raison lui représente si hautement respectables, une puissante force de résistance ; elle est dans ses besoins et ses inclinations, dont la satisfaction complète se résume à ses yeux sous le nom de bonheur. Or la raison énonce ses ordres, sans rien accorder en cela aux inclinations, sans fléchir, par conséquent avec une sorte de dédain et sans aucun égard pour ces prétentions si turbulentes et par là même si légitimes en apparence (qui ne se laissent supprimer par aucun commandement). Mais de là résulte une *dialectique naturelle*, c'est-à-dire un penchant à sophistiquer contre ces règles strictes du devoir, à mettre en doute leur validité, tout au moins leur pureté et leur rigueur, et à les accommoder davantage, dès que cela se peut, à nos désirs et à nos inclinations, c'est-à-dire à les corrompre dans leur fond et à leur faire perdre toute leur dignité, ce que pourtant même la raison pratique commune ne peut, en fin de compte, approuver.

Ainsi la *raison humaine commune* est poussée, non par quelque besoin de la spéculation (besoin qui ne lui vient jamais, tant qu'elle se contente d'être simplement la saine raison), mais par des motifs tout pratiques, à sortir de sa sphère et à faire un pas dans le champ d'une *philosophie pratique*, et cela pour recueillir sur la source de son principe, sur la définition exacte qu'il doit recevoir en opposition avec les maximes qui s'appuient sur le besoin et l'inclination, des renseignements et de claires explications, de sorte qu'elle se tire d'affaire en présence de prétentions opposées et qu'elle ne coure pas le risque, par l'équivoque où elle pourrait aisément tomber, de perdre tous les vrais principes moraux. Ainsi, se développe insensiblement dans l'usage pratique de la raison commune, quand elle se cultive, une *dialectique* qui l'oblige à chercher secours dans la philosophie, comme cela lui arrive dans l'usage théorique ; et, par suite, pas plus dans le premier cas sans doute que dans le second, elle ne peut trouver de repos nulle part ailleurs que dans une critique complète de notre raison.

DEUXIÈME SECTION

PASSAGE DE LA PHILOSOPHIE MORALE POPULAIRE À LA MÉTAPHYSIQUE DES MŒURS

Si nous avons tiré jusqu'ici notre concept du devoir de l'usage commun de la raison pratique, il n'en faut nullement conclure que nous l'ayons traité comme un concept empirique. Loin de là, si nous appliquons notre attention à l'expérience de la conduite des hommes, nous nous trouvons en présence de plaintes continuelles et, nous l'avouons nous-mêmes, légitimes, sur ce fait, qu'il n'y a point d'exemples certains que l'on puisse rapporter de l'intention d'agir par devoir, que mainte action peut être réalisée *conformément* à ce que le devoir ordonne, sans qu'il cesse pour cela d'être encore douteux qu'elle soit réalisée proprement *par devoir* et qu'ainsi elle ait une valeur morale. Voilà pourquoi il y a eu en tout temps des philosophes qui ont absolument nié la réalité de cette intention dans les actions humaines et qui ont tout attribué à l'amour-propre plus ou moins raffiné ; ils ne mettaient pas en doute pour cela la justesse du concept de moralité ; ils parlaient au contraire avec une sincère affliction de l'infirmité et de l'impureté de la nature humaine, assez noble, il est vrai, suivant eux, pour faire sa règle d'une idée si digne de respect, mais en même temps trop faible pour la suivre, n'usant de la raison qui devrait servir à lui donner sa loi que pour prendre souci de l'intérêt des inclinations, soit de quelques-unes d'entre elles, soit, si l'on met les choses au mieux, de toutes, en les conciliant entre elles le mieux possible.

En fait, il est absolument impossible d'établir par expérience avec une entière certitude un seul cas où la maxime d'une action d'ailleurs conforme au devoir ait uniquement reposé sur des principes moraux et sur la représentation du devoir. Car il arrive parfois sans doute qu'avec le plus scrupuleux examen de nous-mêmes nous ne trouvons absolument rien qui, en dehors du principe moral du devoir, ait pu être assez puissant pour nous pousser à telle ou telle bonne action et à tel grand sacrifice ; mais de là on ne peut nullement conclure avec certitude que réellement ce ne soit point une secrète impulsion de l'amour-propre qui, sous le simple mirage de cette idée, ait été la vraie cause déterminante de la volonté ; c'est que nous nous flattons volontiers en nous attribuant faussement un principe de détermination plus noble ; mais

en réalité nous ne pouvons jamais, même par l'examen le plus rigoureux, pénétrer entièrement jusqu'aux mobiles secrets ; or, quand il s'agit
de valeur morale, l'essentiel n'est point dans les actions, que l'on voit,
mais dans ces principes intérieurs des actions, que l'on ne voit pas.

On ne peut pas non plus rendre à ceux qui se rient de toute moralité, comme d'une chimère de l'imagination humaine qui s'exalte elle-
même par présomption, de service plus conforme à leurs désirs, que de
leur accorder que les concepts du devoir (avec cette facilité de conviction paresseuse qui fait aisément admettre qu'il en est également ainsi
de tous les autres concepts) doivent être dérivés uniquement de l'expérience ; c'est, en effet, leur préparer un triomphe certain. Je veux bien,
par amour de l'humanité, accorder que la plupart de nos actions soient
conformes au devoir ; mais si l'on examine de plus près l'objet et la fin,
on se heurte partout au cher moi, qui toujours finit par ressortir ; c'est
sur lui, non sur le strict commandement du devoir, qui le plus souvent
exigerait l'abnégation de soi-même, que s'appuie le dessein dont elles
résultent. Il n'est pas précisément nécessaire d'être un ennemi de la
vertu, il suffit d'être un observateur de sang-froid qui ne prend pas immédiatement pour le bien même le vif désir de voir le bien réalisé, pour
qu'à certains moments (surtout si l'on avance en âge et si l'on a le
jugement d'une part mûri par l'expérience, d'autre part aiguisé par
l'observation) on doute que quelque véritable vertu se rencontre réellement dans le monde. Et alors il n'y a rien pour nous préserver de la
chute complète de nos idées du devoir, pour conserver dans l'âme un
respect bien fondé de la loi qui le prescrit, si ce n'est la claire conviction que, lors même qu'il n'y aurait jamais eu d'actions qui fussent
dérivées de ces sources pures, il ne s'agit néanmoins ici en aucune façon
de savoir si ceci ou cela a lieu, mais que la raison commande par elle-
même et indépendamment de tous les faits donnés ce qui doit avoir
lieu, que par suite des actions dont le monde n'a peut-être jamais encore offert le moindre exemple jusqu'aujourd'hui, dont la possibilité
d'exécution pourrait être mise en doute par celui-là précisément qui
fonde tout sur l'expérience, sont cependant ordonnées sans rémission
par la raison, que, par exemple, la pure loyauté dans l'amitié n'en est
pas moins obligatoire pour tout homme, alors même qu'il se pourrait
qu'il n'y eût jamais d'ami loyal jusqu'à présent, parce que ce devoir est
impliqué comme devoir en général avant toute expérience dans l'idée
d'une raison qui détermine la volonté par des principes *a priori*.

Si l'on ajoute qu'à moins de contester au concept de moralité toute vérité et toute relation à quelque objet possible, on ne peut disconvenir que la loi morale ait une signification à ce point étendue qu'elle doive valoir non seulement pour des hommes, mais pour tous les *êtres raisonnables en général*, non pas seulement sous des conditions contingentes et avec des exceptions, mais avec une *absolue nécessité*, il est clair qu'aucune expérience ne peut donner lieu de conclure même à la simple possibilité de telles lois apodictiques. Car de quel droit pourrions-nous ériger en objet d'un respect sans bornes, comme une prescription universelle pour toute nature raisonnable, ce qui peut-être ne vaut que dans les conditions contingentes de l'humanité ? Et comment, des lois de la détermination de *notre* volonté devraient-elles être tenues pour des lois de la détermination de la volonté d'un être raisonnable en général, et à ce titre seulement, pour des lois applicables aussi à notre volonté propre, si elles étaient simplement empiriques et si elles ne tiraient pas leur origine complètement *a priori* d'une raison pure, mais pratique ?

On ne pourrait non plus rendre un plus mauvais service à la moralité que de vouloir la faire dériver d'exemples. Car tout exemple qui m'en est proposé doit lui-même être jugé auparavant selon des principes de la moralité pour qu'on sache s'il est bien digne de servir d'exemple originel, c'est-à-dire de modèle ; mais il ne peut nullement fournir en tout premier lieu le concept de moralité. Même le Saint de l'Évangile doit être d'abord comparé avec notre idéal de perfection morale avant qu'on le reconnaisse comme tel ; aussi dit-il de lui-même : Pourquoi m'appelez-vous bon, moi (que vous voyez) ? Nul n'est bon (le type du bien) que Dieu seul (que vous ne voyez pas). Mais d'où possédons-nous le concept de Dieu comme souverain bien ? Uniquement de l'*idée* que la raison trace *a priori* de la perfection morale et qu'elle lie indissolublement au concept d'une libre volonté. En matière morale l'imitation n'a aucune place ; des exemples ne servent qu'à encourager, c'est-à-dire qu'ils mettent hors de doute la possibilité d'exécuter ce que la loi ordonne ; ils font tomber sous l'intuition ce que la règle pratique exprime d'une manière plus générale ; mais ils ne peuvent jamais donner le droit de mettre de côté leur véritable original, qui réside dans la raison, et de se régler sur eux.

Si donc il n'y a pas de vrai principe suprême de la moralité qui ne doive s'appuyer uniquement sur une raison pure indépendamment de toute expérience, je crois qu'il n'est même pas nécessaire de demander s'il est bon d'exposer ces concepts sous forme universelle (*in abstracto*), tels qu'ils existent *a priori* avec les principes qui s'y rattachent, supposé du moins que la connaissance proprement dite doive se distinguer de la connaissance commune et prendre le titre de philosophique. Mais de nos jours cette question pourrait bien être nécessaire. Car, si l'on recueillait les suffrages pour savoir laquelle doit être préférée, ou bien d'une connaissance rationnelle pure séparée de tout élément empirique, d'une métaphysique des mœurs par conséquent, ou bien d'une philosophie pratique populaire, on devine bien vite de quel côté pencherait la balance.

Il est sans contredit tout à fait louable de descendre aussi aux concepts populaires lorsqu'on a réussi d'abord à s'élever, et de façon à satisfaire pleinement l'esprit, jusqu'aux principes de la raison pure. Procéder ainsi, c'est *fonder* tout d'abord la doctrine des mœurs sur une métaphysique, et ensuite, celle-ci fermement établie, la rendre *accessible* par vulgarisation. Mais il est tout à fait absurde de vouloir condescendre à cette accommodation dès les premières recherches, dont dépend toute l'exactitude des principes. Ce n'est pas seulement que ce procédé ne saurait jamais prétendre au mérite extrêmement rare d'une véritable *vulgarisation philosophique* ; car il n'y a vraiment rien de difficile à se faire comprendre du commun des hommes quand pour cela on renonce à toute profondeur de pensée ; mais il en résulte alors une fastidieuse mixture d'observations entassées pêle-mêle et de principes d'une raison à moitié raisonnante ; les cerveaux vides s'en repaissent, parce qu'il y a là malgré tout, quelque chose d'utile pour le bavardage quotidien ; mais les esprits pénétrants n'y trouvent que confusion, et dans leur désappointement ils ne peuvent, sans savoir à quoi se prendre, qu'en détourner les yeux. Cependant, s'il est des philosophes qui ne soient pas dupes de trompe-l'œil, ils trouvent un accueil peu favorable quand ils se détournent pour un temps de la prétendue vulgarisation, afin de conquérir le droit de vulgariser une fois seulement qu'ils seront arrivés à des vues définies.

Que l'on examine seulement les essais sur la moralité composés dans ce goût favori ; on trouvera tantôt la destination particulière de la nature humaine (mais de temps à autre aussi l'idée d'une nature raisonnable en général), tantôt la perfection, tantôt le bonheur, ici le

sentiment moral, là la crainte de Dieu, un peu de ceci, mais un peu de
cela également, le tout singulièrement mêlé ; cependant on ne s'avise
pas de demander si c'est bien dans la connaissance de la nature humaine (que nous ne pouvons pourtant tenir que de l'expérience) qu'il
faut chercher les principes de la moralité ; et du moment qu'il n'en est
pas ainsi, du moment que ces principes sont entièrement *a priori*, indépendants de toute matière empirique, et ne doivent pouvoir se trouver que dans les purs concepts de la raison, et nulle part ailleurs, pas
même pour la moindre part, on n'a pas cependant l'idée de mettre
résolument tout à fait à part cette recherche conçue comme philosophie
pure pratique ou (si l'on ose se servir d'un nom si décrié) comme
métaphysique²³ des mœurs, de la porter pour elle-même à sa pleine
perfection et de demander au public qui souhaite la vulgarisation de
prendre patience jusqu'à la fin de cette entreprise.

Or, une telle métaphysique des mœurs, complètement isolée, qui
n'est mélangée ni d'anthropologie, ni de théologie, ni de physique ou
d'hyperphysique, encore moins de qualités occultes (qu'on pourrait appeler hypophysiques), n'est pas seulement un indispensable substrat
de toute connaissance théorique des devoirs définie avec certitude, elle
est encore un *desideratum* de la plus haute importance pour l'accomplissement effectif de leurs prescriptions. Car la représentation du devoir et en général de la loi morale, quand elle est pure et qu'elle n'est
mélangée d'aucune addition étrangère de stimulants sensibles, a sur le
cœur humain par les voies de la seule raison (qui s'aperçoit alors qu'elle
peut être pratique par elle-même) une influence beaucoup plus puissante que celle de tous les autres mobiles²⁴ que l'on peut évoquer du

23. On peut si l'on veut (de même que l'on distingue la mathématique pure de
    la mathématique appliquée, la logique pure de la logique appliquée), dis-
    tinguer aussi la philosophie pure des mœurs (métaphysique) de la philoso-
    phie des mœurs appliquée (c'est-à-dire appliquée à la nature humaine).
    Grâce à cette dénomination, on sera tout aussitôt averti que les principes
    moraux ne doivent pas être fondés sur les propriétés de la nature hu-
    maine, mais qu'ils doivent exister pour eux-mêmes *a priori* et que c'est de
    tels principes que doivent pouvoir être dérivées des règles pratiques, vala-
    bles pour toute nature raisonnable, par suite aussi pour la nature humaine.
    [Note de Kant]
24. J'ai une lettre de feu l'excellent Sulzer, où il me demande quelle peut donc
    être la cause qui fait que les doctrines de la vertu, si propres qu'elles
    soient à convaincre la raison, aient cependant si peu d'efficacité.
    (suite page suivante)

champ de l'expérience, au point que dans la conscience de sa dignité elle méprise ces mobiles, et que peu à peu elle est capable de leur commander ; au lieu qu'une doctrine morale bâtarde, qui se compose de mobiles fournis par des sentiments et des inclinations en même temps que de concepts de la raison, rend nécessairement l'âme hésitante entre des motifs d'action qui ne se laissent ramener à aucun principe, qui ne peuvent conduire au bien que tout à fait par hasard, et qui souvent aussi peuvent conduire au mal.

Par ce qui précède, il est évident que tous les concepts moraux ont leur siège et leur origine complètement *a priori* dans la raison, dans la raison humaine la plus commune aussi bien que dans celle qui est au plus haut degré spéculative ; qu'ils ne peuvent pas être abstraits d'une connaissance empirique, et par suite, simplement contingente ; que c'est cette pureté d'origine qui les rend précisément dignes comme ils le sont de nous servir de principes pratiques suprêmes ; que tout ce qu'on ajoute d'empirique est autant d'enlevé à leur véritable influence et à la valeur absolue des actions ; que ce n'est pas seulement une exigence de la plus haute rigueur, au point de vue théorique, quand il s'agit simplement de spéculation, mais qu'il est encore de la plus grande importance pratique de puiser ces concepts et ces lois à la source de la raison pure, de les présenter purs et sans mélange, qui plus est, de déterminer l'étendue de toute cette connaissance rationnelle pratique et cependant pure, c'est-à-dire la puissance entière de la raison pure pratique, de s'abstenir ici toutefois, quoique la philosophie spéculative le

24. (suite de la page précédente) J'ajournai ma réponse afin de me mettre en mesure de la donner complète. Mais il n'y a pas d'autre raison à donner que celle-ci, à savoir que ceux-là mêmes qui enseignent ces doctrines n'ont pas ramené leurs concepts à l'état de pureté, et qu'en voulant trop bien faire par cela même qu'ils poursuivent dans tous les sens des motifs qui poussent au bien moral, pour rendre le remède tout à fait énergique, ils le gâtent. Car, l'observation la plus commune montre que si l'on présente un acte de probité détaché de toute vue d'intérêt quel qu'il soit, en ce monde ou dans l'autre, accompli d'une âme ferme, même au milieu des plus grandes tentations que fait naître le besoin ou la séduction de certains avantages, il laisse bien loin derrière lui et éclipse tout acte analogue qui dans la plus petite mesure seulement aurait été affecté par un mobile étranger, qu'il lui élève l'âme et qu'il excite le désir d'en pouvoir faire autant. Même des enfants d'âge moyen ressentent cette impression, et l'on ne devrait jamais non plus leur présenter les devoirs autrement. [Note de Kant]

permette et qu'elle le trouve même parfois nécessaire, de faire dépendre les principes de la nature particulière de la raison humaine, mais puisque des lois morales doivent valoir pour tout être raisonnable en général, de les déduire du concept universel d'un être raisonnable en général, et ainsi d'exposer toute la morale, qui dans son *application* aux hommes a besoin de l'anthropologie, d'abord indépendamment de cette dernière science, comme philosophie pure, c'est-à-dire comme métaphysique, de l'exposer, dis-je, ainsi complètement (ce qui est aisé à faire dans ce genre de connaissance tout à fait séparé), en ayant bien conscience que si l'on n'est pas en possession de cette métaphysique, c'est peine inutile, je ne veux pas dire de déterminer exactement pour le jugement spéculatif l'élément moral du devoir dans tout ce qui est conforme au devoir, mais qu'il est même impossible, en ce qui concerne simplement l'usage commun et pratique, et particulièrement l'instruction morale, de fonder la moralité sur ses vrais principes, de produire par là des dispositions morales pures et de les inculquer dans les âmes pour le plus grand bien du monde.

Or, afin d'aller dans ce travail, en nous avançant par une gradation naturelle, non pas simplement du jugement moral commun (qui est ici fort digne d'estime) au jugement philosophique, comme cela a été fait à un autre moment, mais d'une philosophie populaire, qui ne va pas au-delà de ce qu'elle peut atteindre à tâtons au moyen d'exemples, jusqu'à la métaphysique (qui ne se laisse arrêter par rien d'empirique, et qui, devant mesurer tout l'ensemble de la connaissance rationnelle de cette espèce, s'élève en tout cas jusqu'aux idées, là où les exemples même nous abandonnent), il nous faut suivre et exposer clairement la puissance pratique de la raison, depuis ses règles universelles de détermination jusqu'au point où le concept du devoir en découle.

Toute chose dans la nature agit d'après des lois. Il n'y a qu'un être raisonnable qui ait la faculté d'agir *d'après la représentation* des lois, c'est-à-dire d'après les principes, en d'autres termes, qui ait une *volonté*. Puisque, pour dériver les actions des lois, la *raison* est requise, la volonté n'est rien d'autre qu'une raison pratique. Si la raison chez un être détermine infailliblement la volonté, les actions de cet être qui sont reconnues nécessaires objectivement sont aussi reconnues telles subjectivement, c'est-à-dire qu'alors la volonté est une faculté de choisir *cela seulement* que la raison, indépendamment de l'inclination, reconnaît comme pratiquement nécessaire, c'est-à-dire comme bon. Mais si la raison ne détermine pas suffisamment par elle seule la volonté, si celle-ci est soumise encore à des conditions subjectives (à de certains mobiles) qui ne concordent pas toujours avec les conditions objectives, en un mot, si la volonté n'est pas encore *en soi* pleinement conforme à la raison (comme cela arrive chez les hommes), alors les actions qui sont reconnues nécessaires objectivement sont subjectivement contingentes, et la détermination d'une telle volonté, en conformité avec des lois objectives, est une *contrainte*; c'est-à-dire que le rapport des lois objectives à une volonté qui n'est pas complètement bonne est représenté comme la détermination de la volonté d'un être raisonnable par des principes de la raison sans doute, mais par des principes auxquels cette volonté, selon sa nature, n'est pas nécessairement docile.

La représentation d'un principe objectif, en tant que ce principe est contraignant pour une volonté, s'appelle un commandement (de la raison), et la formule du commandement s'appelle un IMPÉRATIF.

Tous les impératifs sont exprimés par le verbe *devoir* (*sollen*), et ils indiquent par là le rapport d'une loi objective de la raison à une volonté qui, selon sa constitution subjective, n'est pas nécessairement déterminée par cette loi (une contrainte). Ils disent qu'il serait bon de faire telle chose ou de s'en abstenir; mais ils le disent à une volonté qui ne fait pas toujours une chose parce qu'il lui est représenté qu'elle est bonne à faire. Or cela est pratiquement *bon*, qui détermine la volonté au moyen des représentations de la raison, par conséquent non pas en vertu de causes subjectives, mais objectivement, c'est-à-dire en vertu de principes qui sont valables pour tout être raisonnable en tant que tel. Ce bien pratique est distinct de l'*agréable*, c'est-à-dire de ce qui a de l'influence sur la volonté uniquement au moyen de la sensation en vertu de causes purement subjectives, valables seulement pour la sensibilité de tel ou tel, et non comme principe de la raison, valable pour tout le monde[25].

---

25. On appelle inclination la dépendance de la faculté de désirer à l'égard des sensations, et ainsi l'inclination témoigne toujours d'un besoin. Quant à la dépendance d'une volonté qui peut être déterminée d'une façon contingente, à l'égard des principes de la raison, on l'appelle un intérêt. Cet intérêt ne se trouve donc que dans une volonté dépendante qui n'est pas d'elle-même toujours en accord avec la raison ; dans la volonté divine on ne peut pas concevoir d'intérêt. Mais aussi la volonté humaine peut prendre intérêt à une chose sans pour cela agir par intérêt.
(suite page suivante)

Une volonté parfaitement bonne serait donc tout aussi bien sous l'empire de lois objectives (lois du bien) ; mais elle ne pourrait pour cela être représentée comme *contrainte* à des actions conformes à la loi, parce que d'elle-même, selon sa constitution subjective, elle ne peut être déterminée que par la représentation du bien. Voilà pourquoi il n'y a pas d'impératif valable pour la volonté *divine* et en général pour une volonté *sainte* ; le verbe *devoir* est un terme qui n'est pas ici à sa place, parce que déjà de lui-même le *vouloir* est nécessairement en accord avec la loi. Voilà pourquoi les impératifs sont seulement des formules qui expriment le rapport de lois objectives du vouloir en général à l'imperfection subjective de la volonté de tel ou tel être raisonnable, par exemple de la volonté humaine.

Or tous les impératifs commandent ou *hypothétiquement* ou *catégoriquement*. Les impératifs hypothétiques représentent la nécessité pratique d'une action possible, considérée comme moyen d'arriver à quelque autre chose que l'on veut (ou du moins qu'il est possible qu'on veuille). L'impératif catégorique serait celui qui représenterait une action comme nécessaire pour elle-même, et sans rapport à un autre but, comme nécessaire objectivement.

Puisque toute loi pratique représente une action possible comme bonne, et par conséquent comme nécessaire pour un sujet capable d'être déterminé pratiquement par la raison, tous les impératifs sont des formules par lesquelles est déterminée l'action qui, selon le principe d'une volonté bonne en quelque façon, est nécessaire. Or, si l'action n'est bonne que comme moyen pour *quelque autre chose*, l'impératif est *hypothétique* ; si elle est représentée comme bonne *en soi*, par suite comme étant nécessairement dans une volonté qui est en soi conforme à la raison le principe qui la détermine, alors l'impératif est *catégorique*.

25. (suite de la page précédente) La première expression désigne l'intérêt pratique que l'on prend à l'action ; la seconde, l'intérêt pathologique que l'on prend à l'objet de l'action. La première manifeste seulement la dépendance de la volonté à l'égard des principes de la raison en elle-même ; la seconde, la dépendance de la volonté à l'égard des principes de la raison mise au service de l'inclination, puisqu'alors la raison ne fournit que la règle pratique des moyens par lesquels on peut satisfaire au besoin de l'inclination. Dans le premier cas, c'est l'action qui m'intéresse ; dans le second, c'est l'objet de l'action (en tant qu'il m'est agréable). Nous avons vu dans la première section que dans une action accomplie par devoir, on doit considérer non pas l'intérêt qui s'attache à l'objet, mais seulement celui qui s'attache à l'action même et à son principe rationnel (la loi). [Note de Kant]

L'impératif énonce donc quelle est l'action qui, possible par moi, serait bonne, et il représente la règle pratique en rapport avec une volonté qui n'accomplit pas sur-le-champ une action parce qu'elle est bonne, soit parce que le sujet ne sait pas toujours qu'elle est bonne, soit parce que, le sachant, il adopte néanmoins des maximes contraires aux principes objectifs d'une raison pratique.

L'impératif hypothétique exprime donc seulement que l'action est bonne en vue de quelque fin, *possible* ou *réelle*. Dans le premier cas, il est un principe PROBLÉMATIQUEMENT pratique ; dans le second, un principe ASSERTORIQUEMENT pratique. L'impératif catégorique qui déclare l'action objectivement nécessaire en elle-même, sans rapport à un but quelconque, c'est-à-dire sans quelque autre fin, a la valeur d'un principe APODICTIQUEMENT pratique.

On peut concevoir que tout ce qui n'est possible que par les forces de quelque être raisonnable est aussi un but possible pour quelque volonté, et de là vient que les principes de l'action, en tant que cette action est représentée comme nécessaire pour atteindre à quelque fin possible susceptible d'être réalisée par là, sont infiniment nombreux. Toutes les sciences ont une partie pratique, consistant en des problèmes qui supposent que quelque fin est possible pour nous, et en des impératifs qui énoncent comment cette fin peut être atteinte. Ces impératifs peuvent donc être appelés en général des impératifs de l'HABILETÉ. Que la fin soit raisonnable et bonne, ce n'est pas du tout de cela qu'il s'agit ici, mais seulement de ce qu'il faut faire pour l'atteindre. Les prescriptions que doit suivre le médecin pour guérir radicalement son homme, celles que doit suivre un empoisonneur pour le tuer à coup sûr, sont d'égale valeur, en tant qu'elles leur servent les unes et les autres à accomplir parfaitement leurs desseins. Comme dans la première jeunesse on ne sait pas quelles fins pourraient s'offrir à nous dans le cours de la vie, les parents cherchent principalement à faire apprendre à leurs enfants une *foule de choses diverses* ; ils pourvoient à *l'habileté* dans l'emploi des moyens en vue de toutes sortes de fins *à volonté*, incapables qu'ils sont de décider pour aucune de ces fins, qu'elle ne puisse pas d'aventure devenir réellement plus tard une visée de leurs enfants, tandis qu'il est *possible* qu'elle le devienne un jour ; et cette préoccupation est si grande qu'ils négligent communément de leur former et de leur rectifier le jugement sur la valeur des choses qu'ils pourraient bien avoir à se proposer pour fins.

Il y a cependant une fin que l'on peut supposer réelle chez tous les êtres raisonnables (en tant que des impératifs s'appliquent à ces êtres, considérés comme dépendants), par conséquent un but qui n'est pas pour eux une simple *possibilité*, mais dont on peut certainement admettre que tous se le proposent *effectivement* en vertu d'une nécessité naturelle, et ce but est le *bonheur*. L'impératif hypothétique qui représente la nécessité pratique de l'action comme moyen d'arriver au bonheur est ASSERTORIQUE. On ne peut pas le présenter simplement comme indispensable à la réalisation d'une fin incertaine, seulement possible, mais d'une fin que l'on peut supposer avec certitude et *a priori* chez tous les hommes, parce qu'elle fait partie de leur essence. Or on peut donner le nom de *prudence*[26], en prenant ce mot dans son sens le plus étroit, à l'habileté dans le choix des moyens qui nous conduisent à notre plus grand bien-être. Aussi, l'impératif qui se rapporte aux choix des moyens en vue de notre bonheur propre, c'est-à-dire la prescription de la prudence, n'est toujours qu'*hypothétique* ; l'action est commandée, non pas absolument, mais seulement comme moyen pour un autre but.

Enfin, il y a un impératif qui, sans poser en principe et comme condition quelque autre but à atteindre par une certaine conduite, commande immédiatement cette conduite. Cet impératif est CATÉGO-RIQUE. Il concerne, non la matière de l'action, ni ce qui doit en résulter, mais la forme et le principe dont elle résulte elle-même ; et ce qu'il y a en elle d'essentiellement bon consiste dans l'intention, quelles que soient les conséquences. Cet impératif peut être nommé l'impératif de la MORALITÉ.

L'acte de vouloir selon ces trois sortes de principes est encore clairement spécifié par la *différence* qu'il y a dans le genre de contrainte qu'ils exercent sur la volonté. Or, pour rendre cette différence sensible, on ne pourrait, je crois, les désigner dans leur ordre d'une façon plus

---

26. Le terme de prudence est pris en un double sens ; selon le premier sens, il peut porter le nom de prudence par rapport au monde ; selon le second, celui de prudence privée. La première est l'habileté d'un homme à agir sur ses semblables de façon à les employer à ses fins. La seconde est la sagacité qui le rend capable de faire converger toutes ses fins vers son avantage à lui, et vers un avantage durable. Cette dernière est proprement celle à laquelle se réduit la valeur de la première, et de celui qui est prudent de la première façon sans l'être de la seconde on pourrait dire plus justement qu'il est ingénieux et rusé, mais en somme imprudent. [Note de Kant]

appropriée qu'en disant : ce sont ou des *règles* de l'habileté, ou des *conseils* de la prudence, ou des *commandements* (des lois) de la moralité. Car il n'y a que la *loi* qui entraîne avec soi le concept d'une *nécessité inconditionnée*, véritablement objective, par suite d'une nécessité universellement valable, et les commandements sont des lois auxquelles il faut obéir, c'est-à-dire se conformer même à l'encontre de l'inclination. *L'énonciation de conseils* implique, il est vrai, une nécessité, mais une nécessité qui ne peut valoir que sous une condition objective contingente, selon que tel ou tel homme fait de ceci ou de cela une part de son bonheur ; au contraire, l'impératif catégorique n'est limité par aucune condition, et comme il est absolument, quoique pratiquement nécessaire, il peut être très proprement nommé un commandement. On pourrait encore appeler les impératifs du premier genre *techniques* (se rapportant à l'art), ceux du second genre *pragmatiques*[27] (se rapportant au bien-être), ceux du troisième genre *moraux* (se rapportant à la libre conduite en général, c'est-à-dire aux mœurs).

Maintenant cette question se pose : comment tous ces impératifs sont-ils possibles ? Cette question tend à savoir comment on peut se représenter, non pas l'accomplissement de l'action que l'impératif ordonne, mais simplement la contrainte de la volonté, que l'impératif énonce dans la tâche à remplir. Comment un impératif de l'habileté est possible, c'est ce qui n'a certes pas besoin d'explication particulière. Qui veut la fin, veut aussi (en tant que la raison a sur ses actions une influence décisive) les moyens d'y arriver qui sont indispensablement nécessaires, et qui sont en son pouvoir. Cette proposition est, en ce qui concerne le vouloir, analytique ; car l'acte de vouloir un objet, comme mon effet, suppose déjà ma causalité, comme causalité d'une cause agissante, c'est-à-dire l'usage des moyens, et l'impératif déduit le concept d'actions nécessaires à cette fin du seul concept de la volonté de cette fin (sans doute pour déterminer les moyens en vue d'un but qu'on s'est

27. Il me semble que le sens propre du mot pragmatique peut être ainsi très exactement déterminé. En effet, on appelle pragmatiques les *sanctions* qui ne découlent pas proprement du droit des États comme lois nécessaires, mais de la *précaution* prise pour le bien-être général. Une *histoire* est composée pragmatiquement, quand elle rend prudent, c'est-à-dire quand elle apprend au monde d'aujourd'hui comment il peut prendre soin de ses intérêts mieux ou du moins tout aussi bien que le monde d'autrefois. [Note de Kant]

proposé, des propositions synthétiques sont requises ; mais elles concernent le principe de réalisation, non de l'acte de la volonté, mais de l'objet). Que pour diviser d'après un principe certain une ligne droite en deux parties égales, il me faille des extrémités de cette ligne décrire deux arcs de cercle, c'est sans doute ce que la mathématique nous enseigne uniquement au moyen de propositions synthétiques ; mais que, sachant que cette action seule permet à l'effet projeté de se produire, si je veux pleinement l'effet, je veuille aussi l'action qu'il requiert, c'est là une proposition analytique ; car me représenter une chose comme un effet que je peux produire d'une certaine manière, et me représenter moi-même, à l'égard de cet effet, comme agissant de cette même façon, c'est tout un.

Les impératifs de la prudence, si seulement il était aussi facile de donner un concept déterminé du bonheur, seraient tout à fait de la même nature que ceux de l'habileté ; ils seraient tout aussi bien analytiques. Car ici, comme là, l'on pourrait dire que qui veut la fin veut aussi (nécessairement selon la raison) les moyens indispensables d'y arriver qui sont en son pouvoir. Mais, par malheur, le concept du bonheur est un concept si indéterminé que, malgré le désir qu'a tout homme d'arriver à être heureux, personne ne peut jamais dire en termes précis et cohérents ce que véritablement il désire et il veut. La raison en est que tous les éléments qui font partie du concept du bonheur sont dans leur ensemble empiriques, c'est-à-dire qu'ils doivent être empruntés à l'expérience, et que cependant pour l'idée du bonheur un tout absolu, un maximum de bien-être dans mon état présent et dans toute ma condition future, est nécessaire. Or il est impossible qu'un être fini, si perspicace et en même temps si puissant qu'on le suppose, se fasse un concept déterminé de ce qu'il veut ici véritablement. Veut-il la richesse ? Que de soucis, que d'envie, que de pièges ne peut-il pas par là attirer sur sa tête ! Veut-il beaucoup de connaissance et de Lumières ? Peut-être cela ne fera-t-il que lui donner un regard plus pénétrant pour lui représenter d'une manière d'autant plus terrible les maux qui jusqu'à présent se dérobent à sa vue et qui sont pourtant inévitables, ou bien que charger de plus de besoins encore ses désirs qu'il a déjà bien assez de peine à satisfaire. Veut-il une longue vie ? Qui lui répond que ce ne serait pas une longue souffrance ? Veut-il du moins la santé ? Que de fois l'indisposition du corps a détourné d'excès où aurait fait

tomber une santé parfaite, etc. ! Bref, il est incapable de déterminer avec
une entière certitude d'après quelque principe ce qui le rendrait véritablement heureux : pour cela il lui faudrait l'omniscience. On ne peut
donc pas agir, pour être heureux, d'après des principes déterminés,
mais seulement d'après des conseils empiriques, qui recommandent,
par exemple, un régime sévère, l'économie, la politesse, la réserve, etc.,
toutes choses qui, selon les enseignements de l'expérience, contribuent
en thèse générale pour la plus grande part au bien-être. Il suit de là que
les impératifs de la prudence, à parler exactement, ne peuvent commander en rien, c'est-à-dire représenter des actions d'une manière objective comme pratiquement nécessaires, qu'il faut les tenir plutôt pour
des conseils (*consilia*) que pour des commandements (*prœcepta*) de la
raison ; le problème qui consiste à déterminer d'une façon sûre et générale quelle action peut favoriser le bonheur d'un être raisonnable est
un problème tout à fait insoluble ; il n'y a donc pas à cet égard d'impératif qui puisse commander, au sens strict du mot, de faire ce qui rend
heureux, parce que le bonheur est un idéal, non de la raison, mais de
l'imagination, fondé uniquement sur des principes empiriques, dont
on attendrait vainement qu'ils puissent déterminer une action par
laquelle serait atteinte la totalité d'une série de conséquences en réalité
infinie. Cet impératif de la prudence serait en tout cas, si l'on admet que
les moyens d'arriver au bonheur se laissent fixer avec certitude, une
proposition pratique analytique. Car il ne se distingue de l'impératif de
l'habileté que sur un point, c'est que pour ce dernier la fin est simplement possible, tandis que pour celui-là elle est donnée en fait ; mais
comme tous deux commandent simplement les moyens en vue de ce
qu'on est supposé vouloir comme fin, l'impératif qui ordonne de vouloir les moyens à celui qui veut la fin est dans les deux cas analytique.
Sur la possibilité d'un impératif de ce genre, il n'y a donc pas l'ombre
d'une difficulté.

Au contraire, la question de savoir comment l'impératif de la *moralité* est possible, est sans doute la seule qui ait besoin d'une solution,
puisque cet impératif n'est en rien hypothétique et qu'ainsi la nécessité
objectivement représentée ne peut s'appuyer sur aucune supposition,
comme dans les impératifs hypothétiques. Seulement il ne faut ici jamais perdre de vue que ce n'est *par aucun exemple*, que ce n'est point
par suite empiriquement, qu'il y a lieu de décider s'il y a en somme

quelque impératif de ce genre ; mais ce qui est à craindre, c'est que tous les impératifs qui paraissent catégoriques n'en soient pas moins de façon détournée hypothétiques. Si l'on dit, par exemple : tu ne dois pas faire de promesse trompeuse, et si l'on suppose que la nécessité de cette abstention ne soit pas comme un simple conseil qu'il faille suivre pour éviter quelque autre mal, un conseil qui reviendrait à peu près à dire : tu ne dois pas faire de fausse promesse, de peur de perdre ton crédit, au cas où cela viendrait à être révélé ; si plutôt une action de ce genre doit être considérée en elle-même comme mauvaise et qu'ainsi l'impératif qui exprime la défense soit catégorique, on ne peut néanmoins prouver avec certitude dans aucun exemple que la volonté soit ici déterminée uniquement par la loi sans autre mobile qu'elle, alors même qu'il semble en être ainsi ; car il est toujours possible que la crainte de l'opprobre, peut-être aussi une obscure appréhension d'autres dangers, ait sur la volonté une influence secrète. Comment prouver par l'expérience la non-réalité d'une cause, alors que l'expérience ne nous apprend rien au-delà de ceci, que cette cause, nous ne l'apercevons pas ? Mais dans ce cas le prétendu impératif moral, qui comme tel paraît catégorique et inconditionné, ne serait en réalité qu'un précepte pragmatique, qui attire notre attention sur notre intérêt et nous enseigne uniquement à le prendre en considération.

Nous avons donc à examiner tout à fait *a priori* la possibilité d'un impératif catégorique, puisque nous n'avons pas ici l'avantage de trouver cet impératif réalisé dans l'expérience, de telle sorte que nous n'ayons à en examiner la possibilité que pour l'expliquer, et non pour l'établir. En attendant, ce qu'il faut pour le moment remarquer, c'est que l'impératif catégorique seul a la valeur d'une LOI pratique, tandis que les autres impératifs ensemble peuvent bien être appelés des *principes*, mais non des lois de la volonté ; en effet, ce qui est simplement nécessaire à faire pour atteindre une fin à notre gré peut être considéré en soi comme contingent, et nous pourrions toujours être déliés de la prescription en renonçant à la fin ; au contraire, le commandement inconditionné n'abandonne pas au bon plaisir de la volonté la faculté d'opter pour le contraire ; par suite, il est le seul à impliquer en lui cette nécessité que nous réclamons pour la loi.

En second lieu, pour cet impératif catégorique ou cette loi de la moralité, la cause de la difficulté (qui est d'en saisir la possibilité) est aussi très considérable. Cet impératif est une proposition pratique synthé-tique *a priori*[28] et puisqu'il y a tant de difficultés dans la connaissance théorique à comprendre la possibilité de propositions de ce genre, il est aisé de présumer que dans la connaissance pratique la difficulté ne sera pas moindre.

Pour résoudre cette question, nous allons d'abord chercher s'il ne serait pas possible que le simple concept d'un impératif catégorique en fournit ainsi la formule, formule contenant la proposition qui seule peut être un impératif catégorique ; car la question de savoir comment un tel commandement absolu est possible alors même que nous en connaissons le sens, exigera encore un effort particulier et difficile que nous réservons pour la dernière section de l'ouvrage.

Quand je conçois un impératif *hypothétique* en général, je ne sais pas d'avance ce qu'il contiendra, jusqu'à ce que la condition me soit donnée. Mais si c'est un impératif *catégorique* que je conçois, je sais aus-sitôt ce qu'il contient. Car, puisque l'impératif ne contient en dehors de la loi que la nécessité, pour la maxime[29], de se conformer à cette loi, et que la loi ne contient aucune condition à laquelle elle soit astreinte, il ne reste rien que l'universalité d'une loi en général, à laquelle la maxime de l'action doit être conforme, et c'est seulement cette conformité que l'impératif nous représente proprement comme nécessaire.

Il n'y a donc qu'un impératif catégorique, et c'est celui-ci : *Agis uni-quement d'après la maxime qui fait que tu peux vouloir en même temps qu'elle devienne une loi universelle.*

---

28. Je lie l'action à la volonté, sans présupposer de condition tirée de quelque inclination : je la lie *a priori*, par suite nécessairement (quoique ce ne soit qu'objectivement, c'est-à-dire sous l'idée d'une raison qui aurait plein pou-voir sur toutes les causes subjectives de détermination). C'est donc là une proposition pratique qui ne dérive pas analytiquement le fait de vouloir une action d'un autre vouloir déjà supposé (car nous n'avons pas de volonté si parfaite), mais qui le lie immédiatement au concept de la volonté d'un être raisonnable, comme quelque chose qui n'y est pas contenu. [Note de Kant]
29. La *maxime* est le principe subjectif de l'action, et doit être distinguée du *principe objectif*, c'est-à-dire de la loi pratique. La maxime contient la règle pratique que la raison détermine selon les conditions du sujet (en bien des cas selon son ignorance, ou encore selon ses inclinations), et elle est ainsi le principe d'après lequel le sujet *agit*; tandis que la loi est le principe objectif, valable pour tout être raisonnable, le principe d'après lequel il *doit agir*, c'est-à-dire un impératif. [Note de Kant]

Or, si de ce seul impératif tous les impératifs du devoir peuvent être dérivés comme de leur principe, quoique nous laissions non résolue la question de savoir si ce qu'on appelle le devoir n'est pas en somme un concept vide, nous pourrons cependant tout au moins montrer ce que nous entendons par là et ce que ce concept veut dire.

Puisque l'universalité de la loi d'après laquelle des effets se produisent constitue ce qu'on appelle proprement *nature* dans le sens le plus général (quant à la forme), c'est-à-dire l'existence des objets en tant qu'elle est déterminée selon des lois universelles, l'impératif universel du devoir pourrait encore être énoncé en ces termes : *Agis comme si la maxime de ton action devait être érigée par ta volonté en* LOI UNIVERSELLE DE LA NATURE.

Nous allons maintenant énumérer quelques devoirs, d'après la division ordinaire des devoirs en devoirs envers nous-mêmes et devoirs envers les autres hommes, en devoirs parfaits et en devoirs imparfaits[30].

1. Un homme, à la suite d'une série de maux qui ont fini par le réduire au désespoir, ressent du dégoût pour la vie, tout en restant assez maître de sa raison pour pouvoir se demander à lui-même si ce ne serait pas une violation du devoir envers soi que d'attenter à ses jours. Ce qu'il cherche alors, c'est si la maxime de son action peut bien devenir une loi universelle de la nature. Mais voici sa maxime : par amour de moi-même, je pose en principe d'abréger ma vie, si en la prolongeant j'ai plus de maux à en craindre que de satisfaction à en espérer. La question est donc seulement de savoir si ce principe de l'amour de soi peut devenir une loi universelle de la nature. Mais alors on voit bientôt qu'une nature dont ce serait la loi de détruire la vie même, juste par le sentiment dont la fonction spéciale est de pousser au développement de la vie, serait en contradiction avec elle-même, et ainsi ne subsisterait pas comme nature ; que cette

---

30. On doit remarquer ici que je me réserve entièrement de traiter de la division des devoirs dans une *Métaphysique des mœurs* qui paraîtra plus tard, et que cette division ne se trouve ici par conséquent que comme une division commode (pour classer mes exemples). Au reste, j'entends ici par devoir parfait celui qui n'admet aucune exception en faveur de l'inclination, et ainsi je reconnais non seulement des *devoirs parfaits* extérieurs, mais encore des *devoirs parfaits* intérieurs, ce qui est en contradiction avec l'usage du mot reçu dans les écoles : mais je n'ai pas l'intention de justifier ici cette conception, car, qu'on me l'accorde ou non, peu importe à mon dessein. [Note de Kant]

maxime ne peut donc en aucune façon occuper la place d'une loi universelle de la nature, et qu'elle est en conséquence contraire au principe suprême de tout devoir.

2. Un autre se voit poussé par le besoin à emprunter de l'argent. Il sait bien qu'il ne pourra pas le rendre, mais il voit bien aussi qu'on ne lui prêtera rien s'il ne s'engage ferme à s'acquitter à une époque déterminée. Il a envie de faire cette promesse ; mais il a aussi assez de conscience pour se demander : n'est-il pas défendu, n'est-il pas contraire au devoir de se tirer d'affaire par un tel moyen ? Supposé qu'il prenne cependant ce parti ; la maxime de son action signifie-rait ceci : quand je crois être à court d'argent, j'en emprunte, et je promets de le rendre, bien que je sache que je n'en ferai rien. Or il est fort possible que ce principe de l'amour de soi ou de l'utilité personnelle se concilie avec tout mon bien-être à venir ; mais pour l'instant la question est de savoir s'il est juste. Je convertis donc l'exigence de l'amour de soi en une loi universelle, et j'institue la question suivante : qu'arriverait-il si ma maxime devenait une loi universelle ? Or, je vois là aussitôt qu'elle ne pourrait jamais valoir comme loi universelle de la nature et s'accorder avec elle-même, mais qu'elle devrait nécessairement se contredire. Car, admettre comme une loi universelle que tout homme qui croit être dans le besoin puisse promettre ce qui lui vient à l'idée, avec l'intention de ne pas tenir sa promesse, ce serait même rendre impossible le fait de promettre avec le but qu'on peut se proposer par là, étant donné que personne ne croirait à ce qu'on lui promet, et que tout le monde rirait de pareilles démonstrations, comme de vaines feintes.

3. Un troisième trouve en lui un talent qui, grâce à quelque culture, pourrait faire de lui un homme utile à bien des égards. Mais il se voit dans une situation aisée, et il aime mieux se laisser aller au plaisir que s'efforcer d'étendre et de perfectionner ses heureuses dispositions naturelles. Cependant il se demande encore si sa maxime, de négliger ses dons naturels, qui en elle-même s'accorde avec son penchant à la jouissance, s'accorde aussi bien avec ce que l'on appelle le devoir. Or il voit bien que sans doute une nature selon cette loi universelle, pourrait toujours encore subsister, alors même que l'homme (comme l'insulaire de la mer du Sud) laisserait rouiller son talent et ne songerait qu'à tourner sa vie vers l'oisiveté, le plaisir, la propagation de l'espèce, en un mot, vers la jouissance ;

mais il ne peut absolument pas VOULOIR que cela devienne une loi universelle de la nature, ou que cela soit implanté comme tel en nous par un instinct naturel. Car, en tant qu'être raisonnable, il veut nécessairement que toutes les facultés soient développées en lui parce qu'elles lui sont utiles et qu'elles lui sont données pour toutes sortes de fins possibles.

4. Enfin un quatrième, à qui tout va bien, voyant d'autres hommes (à qui il pourrait bien porter secours) aux prises avec de grandes difficultés, raisonne ainsi : Que m'importe ? Que chacun soit aussi heureux qu'il plaît au Ciel ou que lui-même peut l'être de son fait ; je ne lui déroberai pas la moindre part de ce qu'il a, je ne lui porterai pas même envie ; seulement je ne me sens pas le goût de contribuer en quoi que ce soit à son bien-être ou d'aller l'assister dans le besoin ! Or, si cette manière de voir devenait une loi universelle de la nature, l'espèce humaine pourrait sans doute fort bien subsister, et assurément dans de meilleures conditions que lorsque chacun a sans cesse à la bouche les mots de sympathie et de bienveillance, et même met de l'empressement à pratiquer ces vertus à l'occasion, mais en revanche trompe dès qu'il le peut, trafique du droit des hommes ou y porte atteinte à d'autres égards. Mais, bien qu'il soit parfaitement possible qu'une loi universelle de la nature conforme à cette maxime subsiste, il est cependant impossible de VOULOIR qu'un tel principe vaille universellement comme loi de la nature. Car une volonté qui prendrait ce parti se contredirait elle-même ; il peut en effet survenir malgré tout bien des cas où cet homme ait besoin de l'amour et de la sympathie des autres, et où il serait privé lui-même de tout espoir d'obtenir l'assistance qu'il désire par cette loi de la nature issue de sa volonté propre.

Ce sont là quelques-uns des nombreux devoirs réels, ou du moins tenus par nous pour tels, dont la déduction à partir du principe unique que nous avons énoncé, tombe clairement sous les yeux. Il faut que nous *puissions vouloir* que ce qui est une maxime de notre action devienne une loi universelle ; c'est là le canon qui permet l'appréciation morale de notre action en général. Il y a des actions dont la nature est telle que leur maxime ne peut même pas être *conçue* sans contradiction comme une loi universelle de la nature, bien loin qu'on puisse poser par la *volonté* qu'elle *devrait* le devenir. Il y en a d'autres dans lesquelles on ne trouve pas sans doute cette impossibilité interne, mais telles cependant qu'il est impossible de *vouloir* que leur maxime soit élevée à l'universalité d'une loi de la nature, parce qu'une telle volonté se contredirait elle-même. On voit aisément que la maxime des premières est contraire au devoir strict ou étroit (rigoureux), tandis que la maxime des secondes n'est contraire qu'au devoir large (méritoire), et qu'ainsi tous les devoirs, en ce qui concerne le genre d'obligation qu'ils imposent (non l'objet de l'action qu'ils déterminent), apparaissent pleinement par ces exemples dans leur dépendance à l'égard du même unique principe.

Si maintenant nous faisons attention à nous-mêmes dans tous les cas où nous violons un devoir, nous trouvons que nous ne voulons pas réellement que notre maxime devienne une loi universelle, car cela nous est impossible ; c'est bien plutôt la maxime opposée qui doit rester universellement une loi ; seulement nous prenons la liberté d'y faire une exception pour nous, ou (seulement pour cette fois) en faveur de notre inclination. En conséquence, si nous considérions tout d'un seul et même point de vue, à savoir du point de vue de la raison, nous trouverions une contradiction dans notre volonté propre en ce sens que nous voulons qu'un certain principe soit nécessaire objectivement comme loi universelle, et que néanmoins il n'ait pas une valeur universelle subjectivement, et qu'il souffre des exceptions. Mais comme nous considérons à un moment notre action du point de vue d'une volonté pleinement conforme à la raison, et ensuite aussi cette même action du point de vue d'une volonté affectée par l'inclination, il n'y a ici réellement pas de contradiction, mais bien une résistance de l'inclination aux prescriptions de la raison (*antagonismus*) : ce qui fait que l'universalité du principe (*universalitas*) est convertie en une simple généralité (*generalitas*), et que le principe pratique de la raison doit se rencontrer avec la maxime à moitié chemin. Or, bien que ce compromis ne puisse être justifié dans notre propre jugement quand celui-ci est impartialement rendu, il montre cependant que nous reconnaissons réellement la validité de l'impératif catégorique et que (avec un entier respect pour lui) nous nous permettons quelques exceptions sans importance, à ce qu'il nous semble, et pour lesquelles nous subissons une contrainte.

Ainsi nous avons réussi au moins à prouver que le devoir est un concept qui doit avoir un sens et contenir une législation réelle pour nos actions ; cette législation ne peut être exprimée que dans des impératifs catégoriques, nullement dans des impératifs hypothétiques ; en même temps nous avons, ce qui est déjà beaucoup, exposé clairement, et en une formule qui le détermine pour toute application, le contenu de l'impératif catégorique qui doit renfermer le principe de tous les devoirs (s'il y a des devoirs en général). Mais nous ne sommes pas encore parvenus à démontrer *a priori* qu'un tel impératif existe réellement, qu'il y ait une loi pratique qui commande absolument par soi sans aucun mobile, et que l'obéissance à cette loi soit le devoir.

Quand on se propose de mener à bien une telle entreprise, il est de la plus haute importance de se tenir ceci pour dit : c'est qu'il ne faut pas du tout se mettre en tête de vouloir dériver la réalité de ce principe de la *constitution particulière de la nature humaine*. Car le devoir doit être une nécessité pratique inconditionnée de l'action ; il doit donc valoir pour tous les êtres raisonnables (les seuls auxquels peut s'appliquer absolument un impératif), et c'est *seulement à ce titre* qu'il est aussi une loi pour toute volonté humaine. Au contraire, ce qui est dérivé de la disposition naturelle propre de l'humanité, ce qui est dérivé de certains sentiments et de certains penchants, et même, si c'est possible, d'une direction particulière qui serait propre à la raison humaine et ne devrait pas nécessairement valoir pour la volonté de tout être raisonnable, tout cela peut bien nous fournir une maxime à notre usage, mais non une loi, un principe subjectif selon lequel nous pouvons agir par penchant et inclination, non un principe objectif par lequel nous *aurions l'ordre* d'agir, alors même que tous nos penchants, nos inclinations et les dispositions de notre nature y seraient contraires ; cela est si vrai que la sublimité et la dignité intrinsèque du commandement exprimé dans un devoir apparaissent d'autant plus qu'il trouve moins de secours et même plus de résistance dans les causes subjectives, sans que cette circonstance affaiblisse le moins du monde la contrainte qu'impose la loi ou enlève quelque chose à sa validité.

Or, nous voyons ici la philosophie placée dans une situation critique : il faut qu'elle trouve une position ferme sans avoir, ni dans le ciel ni sur la terre, de point d'attache ou de point d'appui. Il faut que la philosophie manifeste ici sa pureté, en se faisant la gardienne de ses propres lois, au lieu d'être le héraut de celles que lui suggère un sens inné ou je ne sais quelle nature tutélaire. Celles-ci, dans leur ensemble, valent sans doute mieux que rien ; elles ne peuvent cependant jamais fournir des principes comme ceux que dicte la raison et qui doivent avoir une origine pleinement et entièrement *a priori*, et tirer en même temps de là leur autorité impérative, n'attendant rien de l'inclination de l'homme, attendant tout de la suprématie de la loi et du respect qui lui est dû, ou, dans le cas contraire, condamnant l'homme à se mépriser et à s'inspirer de l'horreur au-dedans de lui-même.

Donc tout élément empirique non seulement est impropre à servir d'auxiliaire au principe de la moralité, mais est encore au plus haut degré préjudiciable à la pureté des mœurs. En cette matière, la valeur propre, incomparablement supérieure à tout, d'une volonté absolument bonne, consiste précisément en ceci, que le principe de l'action est indépendant de toutes les influences exercées par des principes contingents, les seuls que l'expérience peut fournir. Contre cette faiblesse ou même cette basse manière de voir, qui fait qu'on cherche le principe moral parmi des mobiles et des lois empiriques, on ne saurait trop faire entendre d'avertissements ni trop souvent ; car la raison, dans sa lassitude, se repose volontiers sur cet oreiller, et, bercée dans son rêve par de douces illusions (qui ne lui font cependant embrasser, au lieu de Junon, qu'un nuage), elle substitue à la moralité un monstre bâtard formé de l'ajustement artificiel de membres d'origine diverse qui ressemble à tout ce qu'on veut y voir, sauf cependant à la vertu, pour celui qui l'a une fois envisagée dans sa véritable forme[31].

La question est donc celle-ci : est-ce une loi nécessaire *pour tous les êtres raisonnables* que de juger toujours leurs actions d'après des maximes telles qu'ils puissent vouloir eux-mêmes qu'elles servent de lois universelles ? Si cette loi est telle, elle doit être liée (tout à fait *a priori*) au concept de la volonté d'un être raisonnable en général. Mais pour découvrir cette connexion, il faut, si fort qu'on y répugne, faire un

---

31. Envisager la vertu dans sa véritable forme, ce n'est pas autre chose qu'exposer la moralité dégagée de tout mélange d'élément sensible et dépouillée de tout faux ornement que lui prête l'attrait de la récompense ou l'amour de soi. Combien alors elle obscurcit tout ce qui paraît séduisant aux inclinations, c'est ce que chacun peut aisément apercevoir avec le plus léger effort de sa raison, pourvu qu'elle ne soit pas tout à fait corrompue pour toute abstraction. [Note de Kant]

pas en avant, je veux dire vers la métaphysique, bien que ce soit dans un de ses domaines qui est distinct de la philosophie spéculative, à savoir, dans la métaphysique des mœurs. Dans une philosophie pratique, où il s'agit de poser, non pas des principes de ce qui *arrive*, mais des lois de ce qui *doit arriver*, quand même cela n'arriverait jamais, c'est-à-dire des lois objectives pratiques, nous n'avons pas par là même à instituer de recherche sur les raisons qui font qu'une chose plaît ou déplaît, sur les caractères par lesquels le plaisir de la simple sensation se distingue du goût, et sur la question de savoir si le goût se distingue d'une satisfaction universelle de la raison, à nous demander sur quoi repose le sentiment du plaisir et de la peine, comment de ce sentiment naissent les désirs et les inclinations, comment des désirs et des inclinations naissent, par la coopération de la raison, des maximes : car tout cela fait partie d'une doctrine empirique de l'âme qui devrait constituer la seconde partie d'une doctrine de la nature, si l'on considère celle-ci comme *philosophie de la nature*, en tant qu'elle est fondée sur des *lois empiriques*. Mais ici il s'agit de la loi pratique objective, par suite du rapport d'une volonté à elle-même, en tant qu'elle se détermine uniquement par la raison ; dans ce cas, en effet, tout ce qui a rapport à ce qui est empirique se supprime de lui-même, parce que si la *raison par elle seule* détermine la conduite (et c'est précisément ce dont nous avons à présent à rechercher la possibilité), il faut qu'elle le fasse nécessairement *a priori*.

La volonté est conçue comme une faculté de se déterminer soi-même à agir *conformément à la représentation de certaines lois*. Et une telle faculté ne peut se rencontrer que dans des êtres raisonnables. Or, ce qui sert à la volonté de principe objectif pour se déterminer elle-même, c'est la *fin*, et, si celle-ci est donnée par la seule raison, elle doit valoir également pour tous les êtres raisonnables. Ce qui, au contraire, contient simplement le principe de la possibilité de l'action dont l'effet est la fin s'appelle le *moyen*. Le principe subjectif du désir est le *mobile*, le principe objectif du vouloir est le *motif* ; de là la différence entre des fins objectives qui tiennent à des motifs valables pour tout être raisonnable. Des principes pratiques sont *formels*, quand ils font abstraction de toutes les fins subjectives ; ils sont *matériels*, au contraire, quand ils supposent des fins de ce genre. Les fins qu'un être raisonnable se propose à son gré comme *effets* de son action (les fins matérielles) ne sont toutes que relatives; car ce n'est simplement que leur rapport à la nature particulière de la faculté de désirer du sujet qui leur donne la valeur qu'elles ont, laquelle, par suite, ne peut fournir des principes universels pour tous les êtres raisonnables, non plus que des principes nécessaires et valables pour chaque volition, c'est-à-dire de lois pratiques. Voilà pourquoi toutes ces fins relatives ne fondent que des impératifs hypothétiques.

Mais supposé qu'il y ait quelque chose *dont l'existence en soi- même* ait une valeur absolue, quelque chose qui, comme *fin en soi*, pourrait être un principe de lois déterminées, c'est alors en cela seulement que se trouverait le principe d'un impératif catégorique possible, c'est-à-dire d'une loi pratique.

Or je dis : l'homme, et en général tout être raisonnable, existe comme fin en soi, et *non pas simplement comme moyen* dont telle ou telle volonté puisse user à son gré ; dans toutes ses actions, aussi bien dans celles qui le concernent lui-même que dans celles qui concernent d'autres êtres raisonnables, il doit toujours être considéré *en même temps comme fin*. Tous les objets des inclinations n'ont qu'une valeur conditionnelle ; car, si les inclinations et les besoins qui en dérivent n'existaient pas, leur objet serait sans valeur. Mais les inclinations mêmes, comme sources du besoin, ont si peu une valeur absolue qui leur donne le droit d'êtres désirées pour elles-mêmes, que, bien plutôt, en être pleinement affranchi doit être le souhait universel de tout être raisonnable. Ainsi la valeur de tous les objets *à acquérir* par notre action est toujours conditionnelle. Les êtres dont l'existence dépend, à vrai dire, non pas de notre volonté, mais de la nature, n'ont cependant, quand ce sont des êtres dépourvus de raison, qu'une valeur relative, celle des *moyens*, et voilà pourquoi on les nomme des *choses* ; au contraire, les êtres raisonnables sont appelés des *personnes*, parce que leur nature les désigne déjà comme des fins en soi, c'est-à-dire comme quelque chose qui ne peut pas être employé simplement comme moyen, quelque chose qui par suite limite d'autant toute faculté d'agir comme bon nous semble (et qui est un objet de respect). Ce ne sont donc pas là des fins simplement subjectives, dont l'existence, comme effet de notre action, a une valeur *pour nous* : ce sont des *fins objectives*, c'est-à-dire des choses dont l'existence est une fin en soi-même, et même une fin telle qu'elle ne peut être remplacée par aucune autre, au service de laquelle les fins objectives devraient se mettre, *simplement* comme moyens. Sans cela, en effet, on ne pourrait trouver jamais rien qui eût une *valeur absolue*. Mais si toute valeur était conditionnelle, et par suite contingente, il serait complètement impossible de trouver pour la raison un principe pratique suprême.

Si donc il doit y avoir un principe pratique suprême, et au regard de la volonté humaine un impératif catégorique, il faut qu'il soit tel que, par la représentation de ce qui, étant *une fin en soi*, est nécessairement une fin pour tout homme, il constitue un principe *objectif* de la volonté, que par conséquent il puisse servir de loi pratique universelle. Voici le fondement de ce principe : *la nature raisonnable existe comme fin en soi.* L'homme se représente nécessairement ainsi sa propre existence ; c'est donc en ce sens un principe *subjectif* d'actions humaines. Mais tout autre être raisonnable se présente également ainsi son existence, en conséquence du même principe rationnel qui vaut aussi pour moi[32] ; c'est donc en même temps un principe *objectif* dont doivent pouvoir être déduites, comme d'un principe pratique suprême, toutes les lois de la volonté. L'impératif pratique sera donc celui-ci : *Agis de telle sorte que tu traites l'humanité aussi bien dans ta personne que dans la personne de tout autre toujours en même temps comme une fin, et jamais simplement comme un moyen.*

Restons-en aux exemples précédents :

En *premier lieu*, selon le concept du devoir nécessaire envers soi-même, celui qui médite le suicide se demandera si son action peut s'accorder avec l'idée de l'humanité *comme fin en soi*. Si, pour échapper à une situation pénible, il se détruit lui-même, il se sert d'une personne, uniquement comme d'*un moyen* destiné à maintenir une situation supportable jusque là fin de la vie. Mais l'homme n'est pas une chose ; il n'est pas par conséquent un objet qui puisse être traité *simplement* comme un moyen ; mais il doit dans toutes ses actions être toujours considéré comme une fin en soi. Ainsi je ne puis disposer en rien de l'homme en ma personne, soit pour le mutiler, soit pour l'endommager, soit pour le tuer. (Il faut que je néglige ici de déterminer de plus près ce principe, comme il le faudrait pour éviter toute méprise, dans le cas

---

32. Cette proposition, je l'avance ici comme postulat. On en trouvera les raisons dans la dernière section.

où, par exemple, il s'agit de me laisser amputer les membres pour me sauver, de risquer ma vie pour la conserver ; cette détermination appartient à la morale proprement dite).

En *second lieu*, pour ce qui est du devoir nécessaire ou devoir strict envers les autres, celui qui a l'intention de faire à autrui une fausse promesse apercevra aussitôt qu'il veut se servir d'un autre homme *simplement comme d'un moyen*, sans que ce dernier contienne en même temps la fin en lui-même. Car celui que je veux par cette promesse faire servir à mes desseins ne peut absolument pas adhérer à ma façon d'en user envers lui et contenir ainsi lui-même la fin de cette action. Cette violation du principe de l'humanité dans d'autres hommes tombe plus évidemment sous les yeux quand on tire les exemples d'atteintes portées à la liberté ou à la priorité d'autrui. Car là, il apparaît clairement que celui qui viole les droits des hommes a l'intention de se servir de la personne des autres simplement comme d'un moyen, sans considérer que les autres, en qualité d'êtres raisonnables, doivent être toujours estimés en même temps comme des fins, c'est-à-dire uniquement comme des êtres qui doivent pouvoir contenir aussi en eux la fin de cette même action[33].

En *troisième lieu*, pour ce qui est du devoir contingent (méritoire) envers soi-même, ce n'est pas assez que l'action ne contredise par l'humanité dans notre personne, comme fin en soi ; il faut encore qu'elle *soit en accord avec elle*. Or, il y a dans l'humanité des dispositions à une perfection plus grande, qui font partie de la nature à l'égard de l'humanité dans le sujet que nous sommes ; négliger ces dispositions pourrait bien à la rigueur être compatible avec la *conservation* de l'humanité comme fin en soi, mais non avec l'accomplissement de cette fin.

En *quatrième lieu*, au sujet du devoir méritoire envers autrui, la fin naturelle qu'ont tous les hommes, c'est leur bonheur propre. Or, à coup

---

33. Qu'on n'aille pas croire qu'ici la formule triviale : *quod tibi non vis fieri*, etc., puisse servir de règle ou de principe. Car elle est uniquement déduite du principe que nous avons posé, et encore avec diverses restrictions ; elle ne peut être une loi universelle, car elle ne contient pas le principe des devoirs envers soi-même, ni celui des devoirs de charité envers autrui (il y a bien des gens en effet pour consentir volontiers à ce qu'autrui ne soit pas obligé de leur bien faire, pourvu qu'ils puissent être dispensés de bien faire à autrui), ni enfin celui des devoirs stricts des hommes les uns envers les autres, car le criminel pourrait, d'après ce principe, argumenter contre le juge qui le punit, etc. [Note de Kant]

sûr, l'humanité pourrait subsister si personne ne contribuait en rien au bonheur d'autrui, tout en s'abstenant d'y porter atteinte de propos délibéré ; mais ce ne serait là cependant qu'un accord négatif, non positif, avec l'*humanité comme fin en soi*, si chacun ne tâchait pas aussi de favoriser, autant qu'il est en lui, les fins des autres. Car le sujet étant une fin en soi, il faut que ses fins, pour que cette représentation produise chez moi *tout* son effet, soient aussi, autant que possible, *mes* fins.

Ce principe, d'après lequel l'humanité et toute nature raisonnable en général sont considérées *comme fin en soi* (condition suprême qui limite la liberté des actions de tout homme), n'est pas emprunté à l'expérience d'abord à cause de son universalité, puisqu'il s'étend tous les êtres raisonnables en général : sur quoi aucune expérience ne suffit à rien déterminer ; ensuite parce qu'en principe l'humanité est représentée, non comme une fin des hommes (subjective), c'est-à-dire comme un objet dont on se fait en réalité une fin de son propre gré, mais comme une fin objective, qui doit, quelles que soient les fins que nous nous proposions, constituer en qualité de loi la condition suprême restrictive de toutes les fins subjectives, et parce qu'ainsi ce principe dérive nécessairement de la raison pure. C'est que le principe de toute législation pratique réside *objectivement dans la règle* et dans la forme de l'universalité, qui la rend capable (d'après le premier principe) d'être une loi (qu'on peut dire à la rigueur une loi de la nature), tandis que *subjectivement* c'est dans la *fin* qu'il réside ; or le sujet de toutes les fins, c'est tout être raisonnable, comme fin en soi (d'après le second principe) ; de là résulte maintenant le troisième principe pratique de la volonté, comme condition suprême de son accord avec la raison pratique universelle, à savoir, l'idée *de la volonté de tout être raisonnable conçue comme volonté instituant une législation universelle*.

Selon ce principe on rejettera toutes les maximes qui ne peuvent s'accorder avec la législation universelle propre de la volonté. La volonté n'est donc pas simplement soumise à la loi ; mais elle y est soumise de telle sorte qu'elle doit être regardée également comme *instituant elle-même la loi*, et comme n'y étant avant tout soumise (elle peut s'en considérer elle–même comme l'auteur) que pour cette raison.

Les impératifs, selon le genre de formules que nous avons présentées plus haut, soit celui qui exige que les actions soient conformes à des lois universelles comme dans un *ordre de la nature*, soit celui qui veut que les êtres raisonnables aient la *prérogative* universelle de *fins* en soi, excluaient sans doute de leur autorité souveraine toute immixtion d'un intérêt quelconque, à titre de mobile, par cela même qu'ils étaient représentés comme catégoriques ; mais ils n'étaient *admis* comme catégoriques que parce qu'il fallait en admettre de tels si l'on voulait expliquer le concept de devoir. Mais qu'il y ait des propositions pratiques qui commandent catégoriquement, c'est une vérité qui ne pouvait se démontrer dès l'abord, et il n'est même pas possible que cette démonstration se produise ici encore, dans cette section. Une chose toutefois n'en pouvait pas moins se faire : c'était que le détachement de tout intérêt dans l'acte de vouloir par devoir, considéré comme le caractère spécifique qui distingue l'impératif catégorique de l'impératif hypothétique, fût indiqué en même temps dans l'impératif même, au moyen de quelque détermination qui lui serait inhérente, et c'est ce qui arrive maintenant dans cette troisième formule du principe, à savoir dans l'idée de la volonté de tout être raisonnable conçue comme *volonté qui institue une législation universelle.*

Car si nous concevons une telle volonté, quelque possibilité qu'il y ait à ce qu'une volonté soumise à des lois soit liée encore à ces lois par intérêt, il est impossible qu'une volonté qui est elle-même souveraine législatrice dépende en ce sens d'un intérêt quelconque, car une volonté ainsi dépendante aurait elle-même encore besoin d'une autre loi, qui vînt astreindre l'intérêt de son amour-propre à cette condition, d'être capable de valoir comme loi universelle.

Ainsi le *principe* selon lequel toute volonté humaine apparaît comme une volonté instituant par toutes ses maximes une *législation universelle*[34], si seulement il apportait avec lui la preuve de sa justesse, conviendrait parfaitement bien à l'impératif catégorique, en ce que, précisément à cause de l'idée de la législation universelle, *il ne se fonde sur aucun intérêt* et qu'ainsi parmi tous les impératifs possibles il peut seul être *inconditionné* ; ou mieux encore, en retournant la proposition, s'il y a un impératif catégorique (c'est-à-dire une loi pour la volonté de tout être raisonnable), il ne peut que commander de toujours agir en vertu de la maxime d'une volonté, qui pourrait en même temps se prendre elle-même pour objet en tant que législatrice universelle ; car

---

34. Je peux être dispensé ici d'apporter des exemples pour l'explication de ce principe ; car ceux qui tout à l'heure éclaircissaient l'impératif catégorique et ses formules peuvent ici tous servir de même pour cette fin. [Note de Kant]

alors seulement le principe pratique est inconditionné ainsi que l'impératif auquel on obéit ; il n'y a en effet absolument aucun intérêt sur lequel il puisse se fonder.

Il n'est maintenant plus surprenant, si nous jetons un regard en arrière sur toutes les tentatives qui ont pu être faites pour découvrir le principe de la moralité, que toutes aient nécessairement échoué. On voyait l'homme lié par son devoir à des lois, mais on ne réfléchissait pas qu'il *n'est* soumis *qu'à sa propre législation*, encore que cette *législation soit universelle*, et qu'il n'est obligé d'agir que conformément à sa volonté propre, mais à sa volonté établissant par destination de la nature une législation universelle. Car si l'on ne le concevait que comme soumis à une loi (quelle qu'elle soit), celle-ci impliquerait nécessairement en elle un intérêt sous forme d'attrait ou de contrainte, parce qu'elle ne dériverait pas comme loi de *sa* volonté, et que sa volonté serait forcée conformément à la loi par *quelque chose d'autre* à agir d'une certaine manière. Or, c'était cette conséquence de tout point inévitable qui faisait que tout effort pour trouver un principe suprême du devoir était perdu sans retour. Car on ne découvrait jamais le devoir, mais la nécessité d'agir par un certain intérêt. Que cet intérêt fût un intérêt personnel ou un intérêt étranger, l'impératif affectait toujours alors nécessairement un caractère conditionnel et ne pouvait en rien être bon pour le commandement moral. J'appellerai donc ce principe, principe de l'AUTONOMIE de la volonté, en opposition avec tous les autres principes, que pour cela je mets au compte de l'HÉTÉRONOMIE.

Le concept suivant lequel tout être raisonnable doit se considérer comme établissant par toutes les maximes de sa volonté une législation universelle afin de se juger soi-même et ses actions de ce point de vue, conduit à un concept très fécond qui s'y rattache, je veux dire le concept *d'un règne des fins*.

Or par *règne*, j'entends la liaison systématique de divers êtres raisonnables par des lois communes. Et puisque des lois déterminent les fins pour ce qui est de leur aptitude à valoir universellement, si l'on fait abstraction de la différence personnelle des être raisonnables et aussi de tout le contenu de leurs fins particulières, on pourra concevoir un tout de toutes les fins (aussi bien des êtres raisonnables comme fins en soi que des fins propres que chacun peut se proposer), un tout consistant en une union systématique, c'est-à-dire un règne des fins qui est possible d'après les principes énoncés plus haut.

Car des êtres raisonnables sont tous sujets de la loi selon laquelle chacun d'eux ne doit *jamais* se traiter soi-même et traiter tous les autres *simplement comme des moyens*, mais toujours en *même temps comme des fins en soi*. Or, de là, dérive une liaison systématique d'êtres raisonnables par des lois objectives communes, c'est-à-dire un règne qui, puisque ces lois ont précisément pour but le rapport de ces êtres les uns aux autres, comme fins et moyens, peut être appelé règne des fins (qui n'est à la vérité qu'un idéal).

Mais un être raisonnable appartient, en qualité de *membre*, au règne des fins, lorsque, tout en y donnant des lois universelles, il n'en est pas moins lui-même soumis aussi à ces lois. Il y appartient, *en qualité de chef*, lorsque, donnant des lois, il n'est soumis à aucune volonté étrangère.

L'être raisonnable doit toujours se considérer comme législateur dans un règne des fins qui est possible par la liberté de la volonté, qu'il y soit membre ou qu'il y soit chef. Mais à la place de chef il ne peut prétendre simplement par les maximes de sa volonté; il n'y peut prétendre que s'il est un être pleinement indépendant, sans besoins, et avec un pouvoir qui est sans restriction adéquat à sa volonté.

La moralité consiste donc dans le rapport de toute action à la législation qui seule rend possible un règne des fins. Or cette législation doit se trouver dans tout être raisonnable même, et doit pouvoir émaner de sa volonté, dont voici alors le principe : n'accomplir d'action que d'après une maxime telle qu'elle puisse comporter en outre d'être une loi universelle, telle donc seulement *que la volonté puisse se considérer elle-même comme constituant en même temps par sa maxime une législation universelle*. Si maintenant les maximes ne sont pas tout d'abord par leur nature nécessairement conforme à ce principe objectif des êtres raisonnables, considérés comme auteurs d'une législation universelle, la nécessité d'agir d'après ce principe s'appelle contrainte pratique, c'est-à-dire *devoir*. Dans le règne des fins le devoir ne s'adresse pas au chef, mais bien à chacun des membres, et à tous à la vérité dans la même mesure.

La nécessité pratique d'agir selon ce principe, c'est-à-dire le devoir, ne repose en rien sur des sentiments, des impulsions et des inclinations, mais uniquement sur le rapport des êtres raisonnables entre eux, dans ce rapport, la volonté d'un être raisonnable doit toujours être considérée en même temps comme *législatrice*, parce qu'autrement l'être raisonnable ne pourrait pas se concevoir comme *fin en soi*. La raison rapporte ainsi chacune des maximes de la volonté conçue comme législatrice universelle à chacune des autres volontés, et même à chacune des actions envers soi-même, et cela non pas pour quelque autre motif pratique ou quelque futur avantage, mais en vertu de l'idée de la *dignité* d'un être raisonnable qui n'obéit à d'autre loi que celle qu'il institue en même temps lui-même.

Dans le règne des fins tout à un PRIX ou une DIGNITÉ. Ce qui a un prix peut être aussi bien remplacé par quelque chose d'autre, à titre d'*équivalent* ; au contraire, ce qui est supérieur à tout prix, ce qui par suite n'admet pas d'équivalent, c'est ce qui a une dignité.

Ce qui se rapporte aux inclinations et aux besoins généraux de l'homme, cela a un *prix marchand* ; ce qui, même sans supposer de besoin, correspond à un certain goût, c'est-à-dire à la satisfaction que nous procure un simple jeu sans but de nos facultés mentales, cela a un *prix de sentiment* ; mais ce qui constitue la condition, qui seule peut faire que quelque chose est une fin en soi, cela n'a pas seulement une valeur relative, c'est-à-dire un prix, mais une valeur intrinsèque, c'est-à-dire une *dignité*.

Or la moralité est la condition qui seule peut faire qu'un être raisonnable est une fin en soi ; car il n'est possible que par elle d'être un membre législateur dans le règne des fins. La moralité, ainsi que l'humanité, en tant qu'elle est capable de moralité, c'est donc là ce qui seul a de la dignité. L'habileté et l'application dans le travail ont un prix marchand ; l'esprit, la vivacité d'imagination, l'humour, ont un prix de sentiment ; par contre, la fidélité à ses promesses, la bienveillance par principe (non la bienveillance d'instinct), ont une valeur intrinsèque. Ni la nature ni l'art ne contiennent rien qui puisse être mis à la place de ces qualités, si elles viennent à manquer ; car leur valeur consiste, non dans les effets qui en résultent, non dans l'avantage et le profit qu'elles constituent, mais dans les intentions, c'est-à-dire dans les maximes de la volonté qui sont prêtes à se traduire ainsi en actions, alors même que l'issue ne leur serait pas favorable. Ces actions n'ont pas besoin non plus d'être recommandées par quelque disposition subjective ou quelque goût qui nous les ferait considérer avec une faveur et une satisfaction immédiates ; elles n'ont besoin d'aucun penchant ou sentiment qui nous pousse immédiatement vers elles ; elles présentent la volonté qui les accomplit comme l'objet d'un respect immédiat ; il n'y a que la raison qui soit requise, pour les *imposer* à la volonté, sans chercher à les obtenir d'elles par *insinuation*, ce qui au surplus dans des devoirs serait contradictoire. C'est cette estimation qui fait reconnaître la valeur d'une telle disposition d'esprit comme une dignité, et elle la met à part infiniment au-dessus de tout prix ; on ne peut d'aucune manière la mettre en balance, ni la faire entrer en comparaison avec n'importe quel prix, sans porter atteinte en quelque sorte à sa sainteté.

Et, qu'est-ce donc qui autorise l'intention moralement bonne ou la vertu à élever de si hautes prétentions ? Ce n'est rien moins que la faculté qu'elle confère à l'être raisonnable de *participer à l'établissement des lois universelles*, et qui le rend capable par là même d'être membre d'un règne possible des fins : ce à quoi il était déjà destiné par sa propre nature comme fin en soi, et pour cela précisément comme législateur dans le règne des fins, comme libre au regard de toutes les lois de la nature, n'obéissant qu'aux lois qu'il établit lui-même et selon lesquelles ses maximes peuvent appartenir à une législation universelle (à laquelle il se soumet en même temps lui-même). Nulle chose, en effet, n'a de valeur en dehors de celle que la loi lui assigne. Or la législation même qui détermine toute valeur doit avoir précisément pour cela une dignité, c'est-à-dire une valeur inconditionnée, incomparable, que traduit le mot de *respect*, le seul qui fournisse l'expression convenable de l'estime qu'un être raisonnable en doit faire. L'*autonomie* est donc un principe de la dignité de la nature humaine et de toute nature raisonnable.

Les trois manières que nous avons indiquées de représenter le principe de la moralité ne sont au fond qu'autant de formules d'une seule et même loi, formules dont chacune contient en elle par elle-même les deux autres. Il y a cependant entre elles une différence, qui, à vrai dire est plutôt subjectivement qu'objectivement pratique, et dont le but est de rapprocher (selon une certaine analogie) une idée de la raison de l'intuition et par là du sentiment. Toutes les maximes ont :

1° Une *forme*, qui consiste dans l'universalité, et à cet égard la formule de l'impératif moral est la suivante : il faut que les maximes soient choisies comme si elles devaient avoir la valeur de lois universelles de la nature.

2° Une *matière*, c'est-à-dire une fin, et voici alors ce qu'énonce la formule : l'être raisonnable, étant par sa nature une fin, étant par suite
une fin en soi, doit être pour toute maxime une condition qui serve
à restreindre toutes les fins simplement relatives et arbitraires.

3° Une *détermination complète* de toutes les maximes par cette formule,
à savoir, que toutes les maximes qui dérivent de notre législation
propre doivent concourir à un règne possible des fins comme à un
règne de la nature[35]. Le progrès se fait ici en quelque sorte selon les
catégories, en allant de l'*unité* de la forme de la volonté (de son universalité) à la *pluralité* de la matière (des objets c'est-à-dire des fins),
et de là à la totalité ou l'intégralité du système. Mais on fait mieux
de procéder toujours, quand il s'agit de porter un *jugement* moral,
selon la stricte méthode, et de prendre pour principe la formule
universelle de l'impératif catégorique : *Agis selon la maxime qui peut
en même temps s'ériger elle-même en loi universelle.* Mais si l'on veut
en même temps ménager à la loi morale l'accès des âmes, il est très
utile de faire passer la même action par les trois concepts indiqués
et de la rapprocher par là autant que possible de l'intuition.

Nous pouvons maintenant finir par où nous avions commencé,
c'est-à-dire par le concept de la volonté inconditionnellement bonne.
Est *absolument bonne* la *volonté* qui ne peut être mauvaise, dont par suite
la maxime, quand elle est convertie en loi universelle, ne peut jamais
se contredire elle-même. Ce principe est donc aussi sa loi suprême :
agis toujours d'après une maxime telle que tu puisses la vouloir en
même temps portée à l'universel, à la façon d'une loi ; c'est l'unique
condition sous laquelle une volonté ne peut jamais être en opposition
avec elle-même, et un tel impératif est catégorique. Et puisque le caractère qu'a la volonté de valoir comme loi universelle pour des actions
possibles a de l'analogie avec la connexion universelle de l'existence
des choses selon des lois universelles, qui est l'élément formel de la
nature en général, l'impératif catégorique peut encore s'exprimer ainsi :

35. La téléologie considère la nature comme un règne des fins, la morale, un
règne possible des fins comme un règne de la nature. Là le règne des fins est
une idée théorique destinée à expliquer ce qui est donné. Ici c'est une idée
pratique, qui sert à accomplir ce qui n'est pas donné, mais ce qui peut devenir
réel par notre façon d'agir, et cela conformément à cette idée même. [Note de
Kant]

Agis selon des maximes qui puissent se prendre en même temps elles-mêmes pour objet comme lois universelles de la nature. C'est donc ainsi qu'est constituée la formule d'une volonté absolument bonne.

La nature raisonnable se distingue des autres par ceci, qu'elle se pose à elle-même une fin. Cette fin serait la matière de toute bonne volonté. Mais comme, dans l'idée d'une volonté absolument bonne sans condition restrictive (la fait d'atteindre telle ou telle fin), il faut faire abstraction de toute fin à *réaliser* (qui ne pourrait rendre bonne une volonté que relativement), il faut que la fin soit conçue ici, non pas comme une fin à réaliser, *mais* comme une fin *existant par soi*, qu'elle soit par suite conçue d'une façon seulement négative, c'est-à-dire comme une fin contre laquelle on ne doit jamais agir, qui ne doit donc jamais être estimée simplement comme moyen, qui doit être toujours estimée en même temps dans tout acte de vouloir comme une fin. Or cette fin ne peut être autre chose que le sujet même de toutes les fins possibles, puisque celui-ci est en même temps le sujet d'une volonté absolument bonne possible ; en effet, une volonté absolument bonne ne peut sans contradiction être mise au-dessous d'aucun autre objet. Le principe : agis à l'égard de tout être raisonnable (de toi-même et des autres) de telle sorte qu'il ait en même temps dans ta maxime la valeur d'une fin en soi, ne fait donc qu'un au fond avec le principe : agis selon une maxime qui contienne en même temps en elle l'aptitude à valoir universellement pour tout être raisonnable. Car dire que dans tout usage des moyens en vue d'une fin je dois imposer à ma maxime cette condition limitative, qu'elle vaille universellement comme une loi pour tout sujet, revient précisément à ceci : que pour principe fondamental de toutes les maximes des actions il faut poser que le sujet des fins, c'est-à-dire l'être raisonnable même, ne doit jamais être traité simplement comme un moyen, mais comme une condition limitative suprême dans l'usage de tous les moyens, c'est-à-dire toujours en même temps comme une fin.

Or il suit de là incontestablement que tout être raisonnable, comme fin en soi, doit pouvoir, au regard de toutes les lois, quelles qu'elles soient, auxquelles il peut être soumis, se considérer en même temps comme auteur d'une législation universelle, car c'est précisément cette aptitude de ses maximes à constituer une législation universelle qui le distingue comme fin en soi ; il suit pareillement que c'est sa dignité (sa prérogative), par-dessus tous les simples êtres de la nature, qui implique qu'il doit considérer ses maximes toujours de son point de vue à lui, mais qui est aussi en même temps le point de vue de tout être raisonnable conçu comme législateur (voilà pourquoi on appelle aussi de tels êtres des personnes). Or c'est ainsi qu'un monde d'êtres raisonnables (*mundus intelligibilis*), considéré comme un règne des fins, est possible, et cela par la législation propre de toutes les personnes comme membres. D'après cela, tout être raisonnable doit agir comme s'il était toujours par ses maximes un membre législateur dans le règne universel des fins. Le principe formel de ces maximes est : agis comme si ta maxime devait servir en même temps de loi universelle (pour tous les êtres raisonnables). Un règne des fins n'est donc possible que par analogie avec un règne de la nature ; mais le premier ne se constitue que d'après des maximes, c'est-à-dire d'après les règles que l'on s'impose à soi-même, tandis que le dernier ne se constitue que selon des lois de causes efficientes soumises à une contrainte extérieure. Malgré cela, on n'en donne pas moins à l'ensemble de la nature, bien qu'il soit considéré comme une machine, en tant qu'il a rapport à des êtres raisonnables considérés comme des fins, le nom justifié par là de règne de la nature. Or un tel règne des fins serait effectivement réalisé par des maximes dont l'impératif catégorique prescrit la règle à tous les êtres raisonnables, *si elles étaient universellement suivies*. Mais quoique l'être raisonnable ne puisse pas compter que, quand il suivrait lui-même ponctuellement cette maxime, ce soit un motif pour que tous les autres y soient également fidèles, ni non plus que le règne de la nature et la disposition de ce règne selon des fins concourent avec lui, comme avec un membre digne d'en faire partie, à un règne des fins possibles par lui-même, c'est-à-dire favorise son attente du bonheur, cependant cette loi : agis d'après les maximes d'un membre qui institue une législation universelle pour un règne des fins simplement possible, subsiste dans toute sa force parce qu'elle commande catégoriquement. Et, c'est en cela précisément que consiste ce paradoxe : que seule la dignité de l'humanité, en tant que nature raisonnable, indépendamment de tout autre fin à atteindre par là, ou de tout avantage, que par suite le respect pour une simple idée n'en doive pas moins servir de prescription inflexible pour la volonté, et que ce soit juste cette indépendance de la maxime à l'égard de tous les mobiles de cette sorte qui en fasse la sublimité, et qui rende tout sujet raisonnable digne d'être un membre législateur dans le règne des fins ; car autrement on ne devrait le représenter que soumis à la loi naturelle de ses besoins. Alors même que le règne de la nature aussi bien que le règne des fins seraient conçus comme unis sous un chef, et qu'ainsi le second de ces règnes ne serait plus une simple idée, mais acquerrait une véritable réalité, il y aurait là assurément pour cette idée un bénéfice qui lui viendrait de l'addition d'un mobile puissant, mais en aucune façon d'un accroissement de sa valeur intrinsèque ; car, malgré cela, il n'en faudrait pas moins se représenter toujours ce législateur unique et infini lui-même comme jugeant de la valeur des être raisonnables seulement d'après leur conduite désintéressée telle qu'elle leur est prescrite à eux-mêmes en vertu de cette idée uniquement. L'essence des choses ne se modifie pas par leur rapports externes, et ce qui, abstraction faite de ces derniers, suffit à constituer la valeur absolue de l'homme, est aussi la mesure d'après laquelle il doit être jugé par qui que ce soit, même par l'Être suprême. La *moralité* est donc le rapport des actions à l'autonomie de la volonté, c'est-à-dire à la législation universelle possible par les maximes de cette volonté. L'action qui peut s'accorder avec l'autonomie de la volonté est *permise* : celle qui ne le peut pas est *défendue*. La volonté dont les maximes s'accordent nécessairement avec les lois de l'autonomie est une volonté *sainte*, absolument bonne. La dépendance d'une volonté qui n'est pas absolument bonne à l'égard du principe de l'autonomie (la contrainte morale), c'est l'*obligation*. L'obligation ne peut donc être rapportée à un être saint. La nécessité objective d'une action en vertu de l'obligation s'appelle *devoir*.

Par le peu que je viens de dire, on n'aura pas maintenant de peine à s'expliquer comment il se fait que, bien que sous le concept du devoir nous nous figurions une sujétion à la loi, nous nous représentions cependant aussi par là une certaine sublimité et une certaine *dignité* attachées à la personne qui remplit tous ses devoirs. Car ce n'est pas en tant qu'elle est *soumise* à la loi morale qu'elle a en elle de la sublimité, mais bien en tant qu'au regard de cette même loi elle est en même temps *législatrice*, et qu'elle n'y est subordonnée qu'à ce titre. Nous avons également montré plus haut comment ce n'est ni la crainte, ni l'inclination, mais uniquement le respect pour la loi qui est le mobile capable de donner à l'action une valeur morale. Notre volonté propre,

supposé qu'elle n'agisse que sous la condition d'une législation universelle rendue possible par ses maximes, cette volonté idéale, qui peut
être la nôtre, est l'objet propre du respect, et la dignité de l'humanité
consiste précisément dans cette faculté qu'elle a d'établir des lois universelles, à la condition toutefois d'être en même temps soumise elle-
même à cette législation.

L'AUTONOMIE DE LA VOLONTÉ
COMME PRINCIPE SUPRÊME DE LA MORALITÉ

L'autonomie de la volonté est cette propriété qu'a la volonté d'être à
elle-même sa loi (indépendamment de toute propriété des objets du
vouloir). Le principe de l'autonomie est donc : de toujours choisir de
telle sorte que les maximes de notre choix soient comprises en même
temps comme lois universelles dans ce même acte de vouloir. Que cette
règle pratique soit un impératif, c'est-à-dire que la volonté de tout être
raisonnable y soit nécessairement liée comme à une condition, cela ne
peut être démontré par la simple analyse des concepts impliqués dans
la volonté, car c'est là une proposition synthétique ; il faudrait dépasser la connaissance des objets et entrer dans une critique du sujet, c'est-
à-dire de la raison pure pratique ; en effet, cette proposition synthétique,
qui commande apodictiquement, doit pouvoir être connue entièrement
a priori ; or ce n'est pas l'affaire de la présente section. Mais que le principe en question de l'autonomie soit l'unique principe de la morale,
cela s'explique bien par une simple analyse des concepts de la moralité.
Car il se trouve par là que le principe de la moralité doit être un impératif catégorique, et que celui-ci ne commande ni plus ni moins que
cette autonomie même.

L'HÉTÉRONOMIE DE LA VOLONTÉ COMME SOURCE
DE TOUS LES PRINCIPES ILLÉGITIMES DE LA MORALITÉ

Quand la volonté cherche la loi qui doit la déterminer *autre part*
que dans l'aptitude de ses maximes à instituer une législation universelle qui vienne d'elle ; quand en conséquence, passant par-dessus elle-
même, elle cherche cette loi dans la propriété de quelqu'un de ses
objets, il en résulte toujours une *hétéronomie*. Ce n'est pas alors la volonté qui se donne à elle-même la loi, c'est l'objet qui la lui donne par
son rapport à elle. Ce rapport, qu'il s'appuie sur l'inclination ou sur les

représentations de la raison, ne peut rendre possibles que des impératifs hypothétiques ; je dois faire cette chose, *parce que je veux cette autre chose*. Au contraire, l'impératif moral, par conséquent catégorique, dit : je dois agir de telle ou telle façon, alors même que je ne voudrais pas autre chose. Par exemple, d'après le premier impératif, on dit : je ne dois pas mentir, si je veux continuer à être honoré ; d'après le second on dit : je ne dois pas mentir, alors même que le mensonge ne me ferait pas encourir la moindre honte. Ce dernier impératif doit donc faire abstraction de tout objet, en sorte que l'objet n'ait absolument aucune *influence* sur la volonté : il faut en effet que la raison pratique (la volonté) ne se borne pas à administrer un intérêt étranger, mais qu'elle manifeste uniquement sa propre autorité impérative, comme législation suprême. Ainsi, par exemple, je dois chercher à assurer le bonheur d'autrui, non pas comme si j'étais par quelque endroit intéressé à sa réalité (soit par une inclination immédiate, soit indirectement à cause de quelque satisfaction suscitée par la raison), mais uniquement pour ceci, que la maxime qui l'exclut ne peut être comprise dans un seul et même vouloir comme loi universelle.

CLASSIFICATION DE TOUS LES PRINCIPES DE LA MORALITÉ QUI PEUVENT RÉSULTER DU CONCEPT FONDAMENTAL DE L'HÉTÉRONOMIE, TEL QUE NOUS L'AVONS DÉFINI

La raison humaine a ici comme partout dans son usage pur, aussi longtemps que la Critique lui a manqué, tenté toutes les fausses voies possibles avant de réussir à rencontrer la seule vraie.

Tous les principes qu'on peut admettre de ce point de vue sont ou *empiriques* ou *rationnels*. Les PREMIERS, tirés du principe du *bonheur*, sont fondés sur le sentiment, physique ou moral ; les SECONDS, tirés du principe de la *perfection*, sont fondés ou bien sur le concept rationnel de la perfection, considérée comme effet possible, ou bien sur le concept d'une perfection existant par soi (la volonté de Dieu), considérée comme cause déterminante de notre volonté.

Des *principes empiriques* sont toujours impropres à servir de fondement à des lois morales. Car l'universalité avec laquelle elles doivent valoir pour tous les êtres raisonnables sans distinction, la nécessité pratique inconditionnée qui leur est imposée par là, disparaissent si le principe en est dérivé de la *constitution particulière de la nature humaine* ou des circonstances contingentes dans lesquelles elle est placée. Cependant le principe du *bonheur personnel* est le plus condamnable, non pas seulement parce qu'il est faux et que l'expérience contredit la supposition que le bien-être se règle toujours sur le bien-faire ; non pas même seulement parce qu'il ne contribue pas le moins du monde à fonder la moralité, car c'est tout autre chose de rendre un homme heureux que de le rendre bon, de le rendre prudent et perspicace pour son intérêt que de le rendre vertueux ; mais parce qu'il suppose sous la moralité des mobiles qui plutôt la minent et en ruinent toute la grandeur ; ils comprennent en effet dans une même classe les motifs qui poussent à la vertu et ceux qui poussent au vice ; ils enseignent seulement à mieux calculer ; mais ils effacent absolument la différence spécifique qu'il y a entre les deux. Quant au sentiment moral, ce prétendu sens particulier[36] (si superficiel qu'il soit de recourir à lui, attendu que ce sont ceux qui sont incapables de penser qui croient se tirer d'affaire avec le *sentiment*, même dans ce qui se rapporte uniquement à des lois universelles, et bien que des sentiments qui par nature se distinguent les uns des autres par une infinité de degrés ne fournissent guère une mesure égale du bien et du mal, sans compter que celui qui juge par son sentiment ne peut point du tout juger valablement pour les autres), il se rapproche cependant davantage de la moralité et de la dignité qui lui est propre, parce qu'il fait à la vertu l'honneur de lui attribuer immédiatement la satisfaction qu'elle donne et le respect que nous avons pour elle, et qu'il ne lui dit pas pour ainsi dire en face que ce n'est pas sa beauté, mais seulement l'intérêt qui nous attache à elle.

Parmi les principes *rationnels* de la moralité, le concept ontologique de la *perfection* (si vide, si indéterminé qu'il soit, et par là si impropre à employer pour découvrir dans le champ immense de la réalité possible le maximum de ce qui nous convient, et bien que, pour distinguer spécifiquement de toute autre la réalité dont il s'agit ici, il soit immanquablement entraîné à tourner dans un cercle, et qu'il ne puisse éviter

---

36. Je range le principe du sentiment moral dans celui du bonheur, parce que tout intérêt empirique promet, par l'agrément qu'une chose procure, que cela ait lieu immédiatement et sans considération d'avantages, ou que ce soit dans des vues intéressées, de contribuer au bien-être. Pareillement, il faut, avec Hutcheson, ranger le principe de la sympathie pour le bonheur d'autrui dans ce même principe du sens moral, admis par lui. [Note de Kant]

de supposer tacitement la moralité qu'il doit expliquer), ce concept vaut néanmoins mieux encore que le concept théologique qui déduit la moralité d'une volonté divine absolument parfaite, non seulement parce que nous n'avons pas malgré tout l'intuition de la perfection de Dieu, et que nous ne pouvons la dériver que de nos concepts, dont le principal est celui de la moralité, mais parce que, si nous ne procédons pas de la sorte (pour ne pas nous exposer au grossier cercle vicieux qui se produirait en effet dans l'explication), le seul concept qui nous reste de la divine volonté, tiré des attributs de l'amour de la gloire et de la domination, lié aux représentations redoutables de la puissance et de la colère, poserait nécessairement les fondements d'un système de morale qui serait juste le contraire de la moralité.

Or, si j'avais à opter entre le concept du sens moral et celui de la perfection en général (qui du moins tous les deux ne portent pas atteinte à la moralité, quoiqu'ils soient tout à fait impuissants à la soutenir comme fondements), je me résoudrais en faveur du dernier, parce qu'au moins en enlevant à la sensibilité, pour le remettre au tribunal de la raison, le soin de décider la question, bien qu'il ne décide rien ici, il réserve cependant sans la fausser pour une détermination plus précise l'idée indéterminée (d'une volonté bonne en soi).

Au reste, je crois pouvoir me dispenser d'une réfutation étendue de tous ces systèmes. Cette réfutation est si aisée, elle est même probablement si bien aperçue de ceux-là mêmes dont la profession exige qu'ils se déclarent pour une de ces théories (car des auditeurs ne souffrent pas volontiers la suspension du jugement), que ce serait uniquement du temps perdu que d'y insister. Mais ce qui nous intéresse ici davantage, c'est de savoir que ces principes ne donnent jamais d'autre premier fondement à la moralité que l'hétéronomie de la volonté et que c'est précisément pour cela qu'ils doivent nécessairement manquer leur but.

Toutes les fois qu'on songe à prendre pour base un objet de la volonté afin de prescrire à la volonté la règle qui la détermine, la règle n'est qu'hétéronomie ; l'impératif est conditionné, dans les termes suivants : si ou *parce que* l'on veut cet objet, on doit agir de telle ou telle façon ; par suite, cet impératif ne peut jamais commander moralement, c'est-à-dire catégoriquement. Que l'objet détermine la volonté au moyen de l'inclination, comme dans le principe du bonheur personnel, ou au moyen de la raison appliquée aux objets possibles, de notre vouloir en général, comme dans le principe de la perfection, la volonté ne se détermine jamais immédiatement elle-même par la représentation de l'action, mais seulement par le mobile résultant de l'influence que l'effet présumé de l'action exerce sur elle : *je dois faire telle chose parce que je veux telle autre chose* ; et ici il faut encore, dans le sujet que je suis, supposer une autre loi, selon laquelle je veux nécessairement cette autre chose, laquelle loi à son tour a besoin d'un impératif qui impose à cette maxime un sens défini. Car, comme l'impulsion que la représentation d'un objet réalisable par nos forces doit imprimer à la volonté du sujet selon ses facultés naturelles fait partie de la nature du sujet, soit de la sensibilité (de l'inclination et du goût), soit de l'entendement et de la raison, qui, selon la constitution particulière de leur nature, s'appliquent à un objet avec satisfaction, ce serait donc proprement la nature qui donnerait la loi ; et alors non seulement cette loi, comme telle, devant être connue et démontrée uniquement par l'expérience, est contingente en soi et impropre par là à établir une règle pratique apodictique telle que doit être la règle morale ; mais elle *n'est jamais qu'une hétéronomie* de la volonté ; la volonté ne se donne pas à elle-même sa loi ; c'est une impulsion étrangère qui la lui donne, à la faveur d'une constitution spéciale du sujet qui le dispose à la recevoir.

La volonté absolument bonne, dont le principe doit être un impératif catégorique, sera donc indéterminée à l'égard de tous les objets ; elle ne contiendra que la *forme du vouloir* en général, et cela comme autonomie ; c'est-à-dire que l'aptitude de la maxime de toute bonne volonté à s'ériger en loi universelle est même l'unique loi que s'impose à elle-même la volonté de tout être raisonnable, sans faire intervenir par-dessous comme principe un mobile ou un intérêt quelconque.

Comment une telle proposition pratique synthétique a priori est possible et pourquoi elle nécessaire, c'est là un problème dont la solution ne peut plus se trouver dans les limites de la métaphysique des mœurs. Nous n'avons même pas affirmé ici la vérité de cette proposition : encore moins avons-nous prétendu en avoir une preuve entre les mains. Nous avons seulement montré, par le développement du concept universellement reçu de la moralité, qu'une autonomie de la volonté y est inévitablement liée, ou plutôt en est le fondement. Celui donc qui tient la moralité pour quelque chose de réel, et non pour une idée chimérique sans vérité, doit aussi accepter le principe que nous lui avons assigné. Cette section a donc été comme la première, purement analytique. Quant à prouver maintenant que la moralité n'est pas une chimère, assertion qui est une conséquence bien fondée, si l'impératif catégorique est vrai, et avec lui l'autonomie de la volonté, et s'il est absolument nécessaire comme un principe *a priori*, cela exige la possibilité d'un *usage synthétique de la raison pure pratique*, mais que nous ne pouvons pas tenter, sans instituer auparavant une Critique de cette faculté même de la raison ; dans la dernière section nous en tracerons les traits principaux, ceux qui suffisent à notre but.

TROISIÈME SECTION

PASSAGE DE LA MÉTAPHYSIQUE DES MŒURS À LA CRITIQUE DE LA RAISON PURE PRATIQUE

LE CONCEPT DE LA LIBERTÉ EST LA CLÉ DE L'EXPLICATION DE L'AUTONOMIE DE LA VOLONTÉ

La *volonté* est une sorte de causalité des êtres vivants, en tant qu'ils sont raisonnables, et la *liberté* serait la propriété qu'aurait cette causalité de pouvoir agir indépendamment de causes étrangères qui la *déterminent* ; de même que la *nécessité naturelle* est la propriété qu'a la causalité de tous les êtres dépourvus de raison d'être déterminée à agir par l'influence de causes étrangères.

La définition qui vient d'être donnée de la liberté est *négative*, et par conséquent, inféconde pour en saisir l'essence ; mais il en découle un concept *positif* de la liberté, qui est d'autant plus riche et plus fécond. Comme le concept d'une causalité implique en lui celui de *lois*, d'après lesquelles quelque chose que nous nommons effet doit être posé par quelque autre chose qui est la cause, la liberté, bien qu'elle ne soit pas une propriété de la volonté se conformant à des lois de la nature, n'est pas cependant pour cela en dehors de toute loi ; au contraire, elle doit être une causalité agissant selon des lois immuables, mais des lois d'une espèce particulière, car autrement une volonté libre serait un pur rien. La nécessité naturelle est, elle, une hétéronomie des causes efficientes ; car tout effet n'est alors possible que suivant cette loi, que quelque chose d'autre détermine la cause efficiente à la causalité. En quoi donc peut bien consister la liberté de la volonté, sinon dans une autonomie, c'est-à-dire dans la propriété qu'elle a d'être à elle-même sa loi ? Or cette proposition : la volonté dans toutes les actions est à elle-même sa loi, n'est qu'une autre formule de ce principe : il ne faut agir que d'après une maxime qui puisse aussi se prendre elle-même pour objet à titre de loi universelle. Mais c'est précisément la formule de l'impératif catégorique et le principe de la moralité ; une volonté libre et une volonté soumise à des lois morales sont par conséquent une seule et même chose.

Si donc la liberté de la volonté est supposée, il suffit d'en analyser le concept pour en déduire la moralité avec son principe. Ce principe cependant est toujours une proposition synthétique, qui peut s'énoncer ainsi : une volonté absolument bonne est celle dont la maxime peut toujours enfermer en elle-même la loi universelle qu'elle est capable d'être ; car, par l'analyse du concept d'une volonté absolument bonne, on ne peut découvrir cette propriété de la maxime. Mais des propositions synthétiques de ce genre ne sont possibles qu'à la condition que deux notions soient liées l'une à l'autre grâce à leur union avec une troisième où elles doivent de part et d'autre se rencontrer. Le concept *positif* de la liberté fournit ce troisième terme, qui ne peut être, comme pour les causes physiques, la nature du monde sensible (dont le concept comprend le concept de quelque chose, considéré comme cause, et le concept de *quelque autre chose* à quoi la cause se rapporte, et qui est considéré comme effet). Mais quel est ce troisième terme auquel nous renvoie la liberté et dont nous avons *a priori* une idée, il est encore trop tôt pour pouvoir l'indiquer ici, ainsi que pour faire comprendre comment le concept de la liberté se déduit de la raison pure pratique et comment par là également est possible un impératif catégorique : tout cela exige encore quelque préparation.

LA LIBERTÉ DOIT ÊTRE SUPPOSÉE COMME PROPRIÉTÉ DE LA VOLONTÉ DE TOUS LES ÊTRES RAISONNABLES

Ce n'est pas assez d'attribuer, pour quelque raison que ce soit, la liberté à notre volonté, si nous n'avons pas une raison suffisante de l'attribuer aussi telle quelle à tous les êtres raisonnables. Car, puisque la moralité ne nous sert de loi qu'autant que nous sommes des êtres raisonnables, c'est pour tous les *êtres raisonnables* qu'elle doit également valoir ; et comme elle doit être dérivée uniquement de la propriété de la liberté, il faut aussi prouver la liberté comme propriété de la volonté de tous les êtres raisonnables ; et il ne suffit pas de la prouver par certaines prétendues expériences de la nature humaine (ce qui d'ailleurs est absolument impossible ; il n'y a de possible qu'une preuve *a priori*) ; mais il faut la démontrer comme appartenant en général à l'activité d'êtres raisonnables et doués de volonté. Je dis donc : tout être qui ne peut agir autrement que *sous l'idée de la liberté* est par cela même, au point de vue pratique, réellement libre ; c'est-à-dire que toutes les lois qui sont inséparablement liées à la liberté valent pour lui exactement de la même façon que si sa volonté eût été aussi reconnue libre en elle-même et par des raisons valables au regard de la philosophie théorique[37]. Et je soutiens qu'à tout être raisonnable, qui a une volonté, nous devons attribuer nécessairement aussi l'idée de la liberté, et qu'il n'y a que sous cette idée qu'il puisse agir. Car dans un tel être nous concevons une raison qui est pratique, c'est-à-dire qui est douée de causalité par rapport à ses objets. Or, il est impossible de concevoir une raison qui en pleine conscience recevrait pour ses jugements une direction du dehors ; car alors le sujet attribuerait, non pas à sa raison, mais à une impulsion, la détermination de sa faculté de juger. Il faut que la raison se considère elle-même comme l'auteur de ses principes, à l'exclusion de toute influence étrangère ; par suite, comme raison pratique ou comme volonté d'un être raisonnable, elle doit se regarder elle-même comme libre ; c'est-à-dire que la volonté d'un être raisonnable ne peut être une volonté lui appartenant en propre que sous l'idée de la liberté, et qu'ainsi une telle volonté doit être, au point de vue pratique, attribuée à tous les êtres raisonnables.

DE L'INTÉRÊT QUI S'ATTACHE AUX IDÉES DE LA MORALITÉ

Nous avons en fin de compte ramené le concept déterminé de la moralité à l'idée de la liberté ; mais il ne nous était pas possible de démontrer celle-ci comme quelque chose de réel, pas même en nous et dans la nature humaine ; nous nous sommes bornés à voir qu'il nous faut la supposer, si nous voulons concevoir un être comme raisonnable, comme doué de la conscience de sa causalité par rapport aux actions, c'est-à-dire comme doué de volonté, et ainsi nous trouvons que, précisément pour le même motif, nous devons attribuer à tout être doué de raison et de volonté cette propriété, de se déterminer à agir sous l'idée de la liberté.

37. Cette méthode, qui consiste à n'admettre la liberté que sous la forme de l'*idée* que les êtres raisonnables donnent pour fondement à leurs actions, suffit à notre dessein, et je l'adopte afin de pouvoir m'épargner l'obligation de démontrer aussi la liberté au point de vue théorique. Car, alors même que la démonstration théorique de la liberté resterait en suspens, les mêmes lois qui obligeraient un être réellement libre n'en vaudraient pas moins pour un être qui ne peut agir que sous l'idée de sa propre liberté. Nous pouvons donc ici nous délivrer du fardeau qui pèse sur la théorie. [Note de Kant]

Or, nous avons vu que de la supposition de ces idées découle aussi la conscience d'une loi de l'action; d'après cette loi, les principes subjectifs des actions, c'est-à-dire les maximes, doivent toujours être adoptés tels qu'ils puissent valoir aussi objectivement, c'est-à-dire universellement comme principes, et servir par là une législation qui, tout en étant émanée de nous-mêmes, soit une législation universelle. Mais pourquoi dois-je me soumettre à ce principe, et cela en ma qualité d'être raisonnable en général? Et pourquoi aussi par là même tous les autres êtres doués de raison? J'accorde volontiers qu'aucun intérêt ne m'y *pousse*, car il n'y aurait plus alors d'impératif catégorique ; mais il faut bien pourtant que j'y *prenne* nécessairement un intérêt et que je vois comment cela se fait. Car ce « je dois » est proprement un « je veux » qui vaut pour tout être raisonnable, à la condition que chez lui la raison soit pratique sans empêchement ; pour les êtres qui, comme nous, sont affectés d'une sensibilité, c'est-à-dire de mobiles d'une autre espèce, chez qui ne se produit pas toujours ce que la raison ferait à elle seule et par soi, cette nécessité de l'action s'exprime seulement par le verbe « devoir », et la nécessité subjective se distingue de la nécessité objective.

Il semble donc que nous nous soyons contenté de supposer proprement la loi morale, c'est-à-dire le principe même de l'autonomie de la volonté, dans l'idée de la liberté, sans pouvoir démontrer la réalité et la nécessité objective de ce principe en lui-même ; ainsi sans doute nous aurions encore toujours gagné quelque chose de tout à fait considérable en déterminant au moins le vrai principe avec plus d'exactitude qu'on ne l'avait fait jusque-là ; mais en ce qui concerne sa validité et la nécessité pratique de s'y soumettre, nous ne serions pas plus avancés. Car, si l'on nous demandait pourquoi donc l'universelle validité de notre maxime, érigée en loi, doit être la condition restrictive de nos actions, sur quoi nous fondons la valeur que nous conférons à cette façon d'agir, valeur qui doit être si grande qu'il ne peut y avoir nulle part de plus haut intérêt, comment il se fait que l'homme ne croit avoir que par là le sentiment de sa valeur personnelle, au prix de laquelle l'importance d'un état agréable ou désagréable ne doit être compté pour rien : à ces questions nous n'aurions aucune réponse satisfaisante à fournir.

Nous trouvons bien, il est vrai, que nous pouvons prendre un intérêt à une qualité personnelle, dont l'intérêt de notre situation ne dépend pas, mais qui du moins nous rendrait capables de participer à une condition heureuse au cas où celle-ci serait dispensée par la raison, c'est-à-dire que le simple fait d'être digne du bonheur, même sans être mû par le désir d'y participer, peut intéresser en soi ; mais ce jugement n'est en réalité que l'effet de l'importance que nous avons déjà supposée aux lois morales (lorsque par l'idée de la liberté nous nous détachons de tout intérêt empirique). Mais que nous devions nous en détacher, c'est-à-dire nous considérer comme libres dans l'action, et cependant nous tenir pour soumis à certaines lois, afin de trouver dans notre seule personne une valeur qui puisse nous dédommager de la perte de tout ce qui donne un prix à notre condition, comment cela est possible, et par conséquent d'*où vient que la loi morale oblige*, c'est ce que nous ne pouvons encore voir par là.

Il y a ici, on doit l'avouer franchement, une espèce de cercle vicieux manifeste, dont, à ce qu'il me semble, il n'y a pas moyen de sortir. Nous nous supposons libres dans l'ordre des causes efficientes afin de nous concevoir dans l'ordre des fins comme soumis à des lois morales, et nous nous concevons ensuite comme soumis à ces lois parce que nous nous sommes attribué la liberté de la volonté ; en effet, la liberté et la législation propre de la volonté sont toutes deux de l'autonomie ; ce sont par suite des concepts réciproques ; mais c'est pour cela précisément qu'on ne peut se servir de l'un pour expliquer l'autre et en rendre raison. Tout ce qu'on peut faire ainsi, c'est, au point de vue logique, de ramener des représentations en apparence différentes d'un seul et même objet à un concept unique (comme on réduit diverses fractions de même valeur à leur plus simple expression).

Mais il nous reste encore une ressource, c'est de rechercher si, lorsque nous nous concevons par la liberté comme des causes efficientes *a priori*, nous ne nous plaçons pas à un autre point de vue que lorsque nous nous représentons nous-mêmes d'après nos actions comme des effets que nous avons visibles devant nos yeux.

Il est une remarque qui, pour être présentée, n'exige pas précisément de subtile réflexion, mais dont on peut bien supposer que l'intelligence la plus commune est capable de la faire, à sa manière, il est vrai, par un discernement obscur de la faculté de juger, qu'elle nomme sentiment : c'est que toutes les représentations qui nous viennent autrement qu'à notre gré (telles sont les représentations des sens) ne nous font connaître les objets que comme ils nous affectent, de telle sorte que ce qu'ils peuvent être en soi nous reste inconnu ; c'est que, par conséquent, au moyen de cette espèce de représentations, en dépit des plus grands efforts d'attention et de toute la clarté que peut y ajouter l'entendement, nous ne pouvons arriver qu'à la connaissance des *phénomènes*, jamais à celle des *choses en soi*. Cette distinction une fois faite (et il suffit pour cela de la différence déjà observée entre les représentations qui nous viennent du dehors, dans lesquelles nous sommes passifs, et celles que nous produisons uniquement de nous-mêmes, dans lesquelles nous manifestons notre activité) ; il en résulte naturellement qu'il faut reconnaître et supposer derrière les phénomènes quelque chose d'autre encore qui n'est pas phénomène, à savoir, les choses en soi, quoique nous concédions volontiers que, puisqu'elles ne peuvent jamais nous être connues si ce n'est seulement par la manière dont elles nous affectent, nous ne pouvons jamais approcher d'elles davantage et savoir ce qu'elles sont en elles-mêmes. De là nécessairement une distinction, établie en gros il est vrai, entre un *monde sensible* et un *monde intelligible*, le premier pouvant beaucoup varier selon la différence de la sensibilité chez les divers spectateurs, tandis que le second, qui sert de fondement au premier, reste toujours le même. Même l'homme, d'après la connaissance qu'il a de lui par le sens intime, ne peut se flatter de se connaître lui-même tel qu'il est en soi. Car, comme il ne se produit pas en quelque sorte lui-même et qu'il acquiert le concept qu'il a de lui non pas *a priori*, mais empiriquement, il est naturel qu'il ne puisse également prendre connaissance de lui-même que par le sens intime, en conséquence de l'apparence phénoménale de sa nature et par la façon dont sa conscience est affectée. Mais en même temps il doit admettre nécessairement au-dessus de cette modalité de son propre sujet composée de purs phénomènes quelque chose d'autre encore qui lui sert de fondement, à savoir son moi, quelle qu'en puisse être d'ailleurs la nature en elle-même ; et ainsi pour ce qui a rapport à la simple perception et à la capacité de recevoir les sensations, il doit se regarder comme faisant partie du *monde sensible*, tandis que pour ce qui en lui peut être activé pure (c'est-à-dire ce qui arrive à la conscience non point par une affection des sens, mais immédiatement), il doit se considérer comme faisant partie du *monde intelligible*, dont néanmoins il ne sait rien de plus.

C'est là la conclusion que l'homme qui réfléchit doit porter sur toutes les choses qui peuvent s'offrir à lui ; il est probable qu'on la trouverait aussi dans l'intelligence la plus commune, qui, comme on sait, incline fort à toujours attendre derrière les objets des sens quelque réalité invisible agissant par soi, mais qui en revanche corrompt cette tendance en se représentant immédiatement cet invisible sous une forme encore sensible, c'est-à-dire en voulant en faire un objet d'intuition, et qui ainsi n'en est pas plus avancée.

Or l'homme trouve réellement en lui une faculté par laquelle il se distingue de toutes les autres choses, même de lui-même, en tant qu'il est affecté par des objets, et cette faculté est la *raison*. Comme spontanéité pure, la raison est encore supérieure à l'*entendement*, et voici précisément en quoi : bien que l'entendement soit aussi une spontanéité, qu'il ne contienne pas seulement, comme la sensibilité, des représentations qui ne naissent que lorsqu'on est affecté par des choses (et par suite lorsqu'on est passif), cependant il ne peut produire par son activité d'autres concepts que ceux qui servent simplement à *soumettre les représentations sensibles à des règles* et à les unir par là dans une conscience ; sans cet usage qu'il fait de la sensibilité, il ne penserait absolument rien, au contraire la raison manifeste dans ce que l'on appelle les Idées une spontanéité si pure, qu'elle s'élève par là bien au-dessus de ce que la sensibilité peut lui fournir et qu'elle manifeste sa principale fonction en distinguant l'un de l'autre le monde sensible et le monde intelligible, et en assignant par là à l'entendement même ses limites.

Voilà pourquoi un être raisonnable doit, *en tant qu'intelligence* (et non pas par conséquent du côté de ses facultés inférieures), se regarder lui-même comme appartenant, non au monde sensible, mais au monde intelligible ; il a donc deux points de vue d'où il peut se considérer lui-même et connaître les lois de l'exercice de ses facultés, par suite de toutes ses actions ; *d'un côté*, en tant qu'il appartient au monde sensible, il est soumis à des lois de la nature (hétéronomie) ; *de l'autre côté*, en tant qu'il appartient au monde intelligible, il est soumis à des lois qui sont indépendantes de la nature, qui ne sont pas empiriques, mais fondées uniquement dans la raison.

Comme être raisonnable, faisant par conséquent partie du monde intelligible, l'homme ne peut concevoir la causalité de sa volonté propre que sous l'idée de la liberté ; car l'indépendance à l'égard des causes déterminantes du monde sensible (telle que la raison doit toujours se l'attribuer), c'est la liberté. Or à l'idée de la liberté est absolument lié le concept de *l'autonomie*, à celui-ci le principe universel de la moralité, qui idéalement sert de fondement à toutes les actions des êtres *raisonnables*, de la même façon que la loi de la nature à tous les phénomènes.

Ainsi est écarté le soupçon que nous élevions tout à l'heure, selon lequel il y aurait un cercle vicieux secrètement contenu dans notre façon de conclure de la liberté à l'autonomie, et de celle-ci à la loi morale : il pouvait sembler, en effet, que nous ne prenions pour principe l'idée de la liberté qu'en vue de la loi morale, afin de conclure ensuite, en retour, celle-ci de la liberté, que par conséquent de cette loi nous ne pouvions donner absolument aucune raison, que c'était là seulement comme une demande d'adhésion à un principe que des âmes bien pensantes nous accorderaient volontiers, mais que nous serions à jamais incapables d'établir comme une proposition démontrable. À présent, nous voyons bien que lorsque nous nous concevons comme libres, nous nous transportons dans le monde intelligible comme membres de ce monde et que nous reconnaissons l'autonomie de la volonté avec sa conséquence, la moralité ; mais si nous nous concevons comme soumis au devoir, nous nous considérons comme faisant partie du monde sensible et en même temps du monde intelligible.

COMMENT UN IMPÉRATIF CATÉGORIQUE EST-IL POSSIBLE ?

L'être raisonnable se marque sa place, comme intelligence, dans le monde intelligible, et ce n'est que comme cause efficiente appartenant à ce monde qu'il nomme sa causalité une volonté. D'un autre côté, il a pourtant aussi conscience de lui-même comme d'une partie du monde sensible, où ses actions se trouvent comme de simples manifestations phénoménales de cette causalité ; cependant la possibilité de ces actions ne peut être saisie au moyen de cette causalité que nous ne connaissons pas ; mais au lieu d'être ainsi expliquées, elles doivent être comprises, en tant que faisant partie du monde sensible, comme déterminées par d'autres phénomènes, à savoir, des désirs et des inclinations. Si donc j'étais membre uniquement du monde intelligible, mes actions seraient parfaitement conformes au principe de l'autonomie et de la volonté pure ; si j'étais seulement une partie du monde sensible, elles devraient être supposées entièrement conformes à la loi naturelle des désirs et des inclinations, par suite à l'hétéronomie de la nature. (Dans le premier cas, elles reposeraient sur le principe suprême de la moralité ; dans le second cas, sur celui du bonheur). Mais puisque le *monde intelligible contient le fondement du monde sensible, et par suite aussi de ses lois*, et qu'ainsi au regard de ma volonté (qui appartient entièrement au monde intelligible) il est un principe immédiat de législation, et puisqu'aussi c'est de cette manière qu'il doit être conçu, quoique par un autre côté je sois un être appartenant au monde sensible, je n'en devrai pas moins, comme intelligence, me reconnaître soumis à la loi du premier, c'est-à-dire à la raison qui contient cette loi dans l'idée de la liberté, et par là à l'autonomie de la volonté ; je devrai conséquemment considérer les lois du monde intelligible comme des impératifs pour moi, et les actions conformes à ce principe comme des devoirs.

Et ainsi des impératifs catégoriques sont possibles pour cette raison que l'idée de la liberté me fait membre d'un monde intelligible. Il en résulte que si je n'étais que cela, toutes mes actions seraient toujours conformes à l'autonomie de la volonté ; mais, comme je me vois en même temps membre du monde sensible, il faut dire qu'elles *doivent* l'être. Ce « devoir » *catégorique* représente une proposition synthétique *a priori*, en ce qu'à une volonté affectée par des désirs sensibles s'ajoute encore l'idée de cette même volonté, mais en tant qu'elle appartient au monde intelligible, c'est-à-dire pure et pratique par elle-même, contenant la condition suprême de la première selon la raison ; à peu près comme aux intuitions du monde sensible s'ajoutent les concepts de l'entendement, qui par eux-mêmes ne signifient rien que la forme d'une loi en général et par là rendent possibles des propositions synthétiques *a priori* sur lesquelles repose toute connaissance d'une nature.

L'usage pratique que le commun des hommes fait de la raison confirme la justesse de cette déduction. Il n'est personne, même le pire scélérat, pourvu qu'il soit habitué à user par ailleurs de la raison, qui, lorsqu'on lui met sous les yeux des exemples de loyauté dans les desseins, de persévérance dans l'observation de bonnes maximes, de sympathie et d'universelle bienveillance (cela même lié encore à de grands sacrifices d'avantages et de bien-être), ne souhaite de pouvoir, lui aussi, être animé des mêmes sentiments. Il ne peut pas sans doute, uniquement à cause de ses inclinations et de ses penchants, réaliser cet idéal en sa personne ; mais avec cela il n'en souhaite pas moins en même temps d'être affranchi de ces inclinations qui lui pèsent à lui-même. Il témoigne donc par là qu'il se transporte en pensée, avec une volonté qui est libre des impulsions de la sensibilité, dans un ordre de choses bien différent de celui que constituent ses désirs dans le champ de la sensibilité ; car de ce souhait il ne peut attendre aucune satisfaction de ses désirs, par suite aucun état de contentement pour quelqu'une de ses inclinations réelles ou imaginables (par là, en effet, l'idée même qui lui arrache ce souhait perdrait sa prééminence) ; il n'en peut attendre qu'une plus grande valeur intrinsèque de sa personne. Or il croit être cette personne meilleure, lorsqu'il se reporte au point de vue d'un membre du monde intelligible, ce à quoi l'astreint malgré lui l'idée de la liberté, c'est-à-dire de l'indépendance à l'égard des causes *déterminantes* du monde sensible ; à ce point de vue, il a conscience d'une bonne volonté qui de son propre aveu constitue la loi pour la volonté mauvaise qu'il a en tant que membre du monde sensible : loi dont il reconnaît l'autorité tout en la violant. Ce qu'il doit moralement, c'est donc ce qu'il veut proprement de toute nécessité comme membre d'un monde intelligible, et cela même n'est conçu par lui comme devoir qu'en tant qu'il se considère en même temps comme membre du monde sensible.

DE LA LIMITE EXTRÊME DE TOUTE PHILOSOPHIE PRATIQUE

Tous les hommes se conçoivent libres dans leur volonté. De là viennent tous les jugements sur les actions telles qu'elles auraient *dû être*, bien qu'elles *n'aient pas été* telles. Cependant cette liberté n'est pas un concept de l'expérience, et elle ne peut même pas l'être, puisque ce concept subsiste toujours, bien que l'expérience montre le contraire de ce qui, dans la supposition de la liberté, en est nécessairement représenté comme la conséquence. D'un autre côté, il est également nécessaire que tout ce qui arrive soit immanquablement déterminé selon des lois de la nature, et cette nécessité naturelle n'est pas non plus un concept de l'expérience, précisément pour cette raison que c'est un concept qui implique en soi celui de nécessité, par suite celui d'une connaissance *a priori*. Mais ce concept d'une nature est confirmé par l'expérience et doit même être inévitablement supposé, si l'expérience, c'est-à-dire une connaissance cohérente des objets des sens d'après des lois universelles, est possible. Voilà pourquoi la liberté est seulement une *idée* de la raison ; dont la réalité objective est en soi douteuse, tandis que la nature est un *concept de l'entendement* qui prouve et doit nécessairement prouver sa réalité par des exemples qu'offre l'expérience.

Or c'est là, sans doute, l'origine d'une dialectique de la raison, car, en ce qui concerne la volonté, la liberté qu'on lui attribue paraît être en opposition avec la nécessité de la nature ; toutefois, quoique *au point de vue spéculatif*, placée entre ces deux directions, la raison trouve le chemin de la nécessité naturelle mieux frayé et plus praticable que celui de la liberté, pourtant *au point de vue pratique*, le sentier de la liberté est le seul où il soit possible d'user de sa raison dans la conduite de la vie ; voilà pourquoi il est tout aussi impossible à la philosophie la plus subtile qu'à la raison humaine la plus commune de mettre en doute la liberté par des arguties. La raison doit donc bien supposer qu'on ne saurait trouver de véritable contradiction entre la liberté et la nécessité naturelle des mêmes actions humaines ; car elle ne peut pas plus renoncer au concept de la nature qu'à celui de la liberté.

Cependant, il faut tout au moins supprimer d'une façon convaincante cette apparente contradiction ; alors même qu'on ne pourrait jamais comprendre comment la liberté est possible. Car, si la conception de la liberté est à ce point contradictoire avec elle-même ou avec la nature, qui est également nécessaire, elle devrait être résolument sacrifiée au profit de la nécessité naturelle.

Or, il serait impossible d'échapper à cette contradiction, si le sujet qui se croit libre se concevait, quand il se dit libre, dans *le même sens* ou *juste sous le même rapport* que lorsqu'il se suppose, à l'égard de la même action, soumis à la loi de la nature. Aussi, est-ce une tâche à laquelle la philosophie spéculative ne peut se soustraire, que de montrer du moins que ce qui fait que la contradiction qu'elle croit voir est illusoire, c'est que nous concevons l'homme, quand nous le qualifions de libre, en un autre sens et sous un autre rapport que lorsque nous le considérons comme soumis, en tant que fragment de la nature, aux lois de cette nature même ; c'est que non seulement les deux choses peuvent fort bien aller ensemble mais encore qu'elles doivent être conçues *comme nécessairement unies* dans le même sujet ; car, sans cela, on ne pourrait expliquer pourquoi nous devrions charger la raison d'une idée qui, bien qu'elle se laisse unir *sans contradiction* à une autre idée suffisamment justifiée, nous jette dans un embarras qui gêne singulièrement la raison dans son usage théorique. Mais ce devoir incombe uniquement à la philosophie spéculative, qui doit ouvrir par là un libre chemin à la philosophie pratique. Ce n'est donc pas du bon plaisir du philosophe qu'il dépend de lever ou de laisser sans l'aborder, selon sa volonté, cette apparente contradiction ; car, dans ce dernier cas, la théorie est à cet égard un *bonum vacans*, dont le fataliste peut de plein droit prendre possession et dont il peut chasser toute morale comme d'une prétendue propriété qu'elle possède sans titre.

Cependant on ne peut pas dire encore ici que commencent les frontières de la philosophie pratique. Car, pour vider le débat, elle n'a nullement qualité ; ce qu'elle demande seulement à la raison spéculative, c'est de mettre fin au désaccord où l'engage l'embarras de questions théoriques, afin que la raison pratique ait repos et sécurité à l'égard des entreprises extérieures qui pourraient lui disputer le terrain sur lequel elle veut s'établir.

Mais la prétention légitime qu'a la raison humaine, même la plus commune, à la liberté de la volonté, se fonde sur la conscience et sur la supposition admise de l'indépendance de la raison à l'égard des causes de détermination purement subjectives, dont l'ensemble constitue ce qui appartient seulement à la sensation, par conséquent ce qui a reçu le nom général de sensibilité. L'homme qui se considère de la sorte comme intelligence va s'établir par là dans un autre ordre de choses et dans un rapport à des principes déterminants d'une tout autre espèce, quand il se conçoit comme une intelligence douée de volonté et par suite de causalité, que quand il se perçoit comme un phénomène dans le monde sensible (ce qu'il est aussi en effet) et qu'il subordonne sa causalité, selon une détermination extérieure, aux lois de la nature. Or il s'aperçoit bientôt que les deux peuvent et même doivent aller ensemble. Car qu'une *chose dans l'ordre des phénomènes* (appartenant au monde sensible) soit soumise à certaines lois, dont elle est indépendante à *titre de chose* ou *d'être en soi*, cela n'implique pas la moindre contradiction ; que l'homme doive se représenter et se concevoir lui-même de cette double façon, c'est ce qui se fonde, d'un côté, sur la conscience qu'il a de lui-même comme d'un objet affecté par le sens, de l'autre sur la conscience qu'il a de lui-même comme intelligence, c'est-à-dire comme être indépendant, dans l'usage de la raison, des impressions sensibles (par suite comme faisant partie du monde intelligible).

De là vient que l'homme s'attribue une volonté qui ne se laisse mettre à son compte rien de ce qui appartient simplement à ses désirs et à ses inclinations, et qui au contraire conçoit comme possibles par elle, bien mieux, comme nécessaires, des actions qui ne peuvent être accomplies qu'avec un renoncement à tous les désirs et à toutes les sollicitations sensibles. La causalité de telles actions réside en lui comme intelligence et dans les lois des effets et des actions qui sont conformes aux principes d'un monde intelligible ; de ce monde il ne sait rien de plus à la vérité, sinon que c'est seulement la raison, je veux dire la raison pure, indépendante de la sensibilité, qui y donne la loi. Et comme aussi c'est là seulement, en tant qu'intelligence, qu'il est le moi véritable (tandis que comme homme il n'est que le phénomène de lui-même), ces lois s'adressent à lui immédiatement et catégoriquement ; de telle sorte que ce à quoi poussent inclinations et penchants (par suite toute la nature du monde sensible), ne peut porter atteinte aux lois de sa volonté considérée comme intelligence ; bien plus, il ne prend pas la responsabilité de ces inclinations et de ces penchants, il ne les impute pas à son véritable moi, c'est-à-dire à sa volonté ; il ne s'attribue que la complaisance qu'il pourrait avoir à leur endroit, s'il leur accordait une influence sur ses maximes au préjudice des lois rationnelles de la volonté.

En s'introduisant ainsi par la *pensée* dans un monde intelligible, la raison pratique ne dépasse en rien ses limites, elle ne les dépasserait que si elle voulait, en *entrant* dans ce monde, s'y *apercevoir*, s'y *sentir*. Ce n'est là qu'une conception négative par rapport au monde sensible, lequel ne donne pas de lois à la raison dans la détermination de la volonté, et elle n'est positive qu'en ce point, que cette liberté, comme détermination négative, est liée en ce même temps à une faculté (positive) et précisément à une causalité de la raison que nous nommons une volonté, c'est-à-dire à la faculté d'agir de telle sorte que le principe des actions soit conforme au caractère essentiel d'une cause rationnelle, en d'autres termes, à la condition que la maxime érigée en loi soit universellement valable. Mais si la raison voulait encore tirer du monde intelligible un *objet de la volonté*, c'est-à-dire un mobile, elle dépasserait ses limites et elle se flatterait de connaître quelque chose dont elle ne sait rien. Le concept d'un monde intelligible n'est donc qu'un *point de vue*, que la raison se voit obligée d'adopter en dehors des phénomènes, *afin de se concevoir elle-même comme pratique*, ce qui ne serait pas possible si les influences de la sensibilité étaient déterminantes pour l'homme, ce qui pourtant est nécessaire si l'on ne doit pas lui dénier la conscience de lui-même comme intelligence, par conséquent comme cause rationnelle, et agissant par raison, c'est-à-dire libre dans son opération. Assurément, cette conception entraîne l'idée d'un autre ordre et d'une autre législation que l'ordre et la législation du mécanisme naturel qui concerne le monde sensible, et elle rend nécessaire le concept d'un monde intelligible (c'est-à-dire le système total des êtres raisonnables comme choses en soi), mais cela sans la moindre prétention à dépasser ici la pensée de ce qui en est simplement la condition formelle, je veux dire l'universalité de la maxime de la volonté comme loi, par conséquent l'autonomie de cette faculté qui peut seule être compatible avec sa liberté ; tandis qu'au contraire toutes les lois qui sont déterminées par leur rapport à un objet donnent une hétéronomie qui ne peut se rencontrer que dans des lois de la nature et qui ne peut concerner que le monde sensible.

Mais où la raison franchirait toutes ses limites, ce serait si elle entreprenait de s'*expliquer comment* une raison pure peut être pratique, ce qui reviendrait absolument au même que de se proposer d'expliquer *comment la liberté est possible.*

Car nous ne pouvons expliquer que ce que nous pouvons ramener à des lois dont l'objet peut être donné dans quelque expérience possible. Or la liberté est une simple idée, dont la réalité objective ne peut en aucune façon être mise en évidence d'après des lois de la nature, par suite dans aucune expérience possible, qui, en conséquence, par cela même qu'on ne peut jamais mettre sous elle un exemple, selon quelque analogie, ne peut jamais être comprise ni même seulement aperçue. Elle ne vaut que comme une supposition nécessaire de la raison dans un être qui croit avoir conscience d'une volonté, c'est-à-dire d'une faculté bien différente de la simple faculté de désirer (je veux dire une faculté de se déterminer à agir comme intelligence, par suite selon des lois de la raison, indépendamment des instincts naturels). Or, là où cesse une détermination selon les lois de la nature, là cesse également ment toute *explication*, et il ne reste plus qu'à se tenir sur la *défensive*, c'est-à-dire qu'à repousser les objections de ceux qui prétendent avoir vu plus profondément dans l'essence des choses et qui, à cause de cela, déclarent hardiment la liberté impossible. On peut leur montrer seulement que la contradiction qu'ils croient avoir découverte là ne consiste qu'en ceci : pour rendre la loi de la nature valable en ce qui concerne les actions humaines, ils devaient considérer nécessairement l'homme comme phénomène ; lorsque maintenant on exige d'eux qu'ils aient à le concevoir, en tant qu'intelligence, comme une chose en soi, ils n'en continuent pas moins à le considérer encore comme phénomène ; alors à coup sûr le fait de soustraire la causalité de l'homme (c'est-à-dire sa volonté) aux lois naturelles du monde sensible dans un seul et même sujet constituerait une contradiction ; cette contradiction s'évanouirait cependant, s'ils voulaient bien réfléchir et, comme de juste, reconnaître que derrière les phénomènes il doit y avoir pourtant pour les fonder (quoique cachées) les choses en soi, et qu'on ne peut pas exiger que les lois de leur opération soient identiques à celles auxquelles sont soumises leurs manifestations phénoménales.

L'impossibilité subjective d'*expliquer* la liberté de la volonté est la même que l'impossibilité de découvrir et de faire comprendre que l'homme puisse prendre un intérêt[38] à des lois morales ; et cependant c'est un fait que l'homme y prend réellement un intérêt, dont le principe est en nous ce que nous appelons le sentiment moral, sentiment que quelques-uns font passer à tort pour la mesure de notre jugement moral, alors qu'il doit être plutôt regardé comme l'effet *subjectif* que la loi produit sur la volonté, et dont la raison seule fournit les principes objectifs.

38. Un intérêt est ce par quoi la raison devient pratique, c'est-à-dire devient une cause déterminant la volonté. Voilà pourquoi on dit seulement d'un être raisonnable qu'il prend intérêt à quelque chose ; les créatures privées de raison ne font qu'éprouver des impulsions sensibles. La raison ne prend un intérêt immédiat à l'action que lorsque la validité universelle de la maxime de cette action est un principe suffisant de détermination pour la volonté. Il n'y a qu'un intérêt de ce genre qui soit pur. Mais quand la raison ne peut déterminer la volonté qu'au moyen d'un autre objet du désir ou qu'en supposant un sentiment particulier du sujet, alors elle ne prend à l'action qu'un intérêt médiat ; et comme elle ne peut découvrir par elle seule, sans expérience, ni des objets de la volonté, ni un sentiment particulier qui serve à celle-ci de fondement, ce dernier intérêt ne saurait être qu'un intérêt empirique, nullement un intérêt rationnel. L'intérêt logique de la raison (qui est de développer ses connaissances) n'est jamais immédiat, mais il suppose des fins auxquelles se rapporte l'usage de cette faculté. [Note de Kant]

Pour qu'un être, qui est à la fois raisonnable et affecté d'une sensibilité, veuille ce que la raison seule prescrit comme devant se faire, il faut sans doute que la raison ait une faculté de lui *inspirer* un *sentiment de plaisir* ou de satisfaction, lié à l'accomplissement du devoir ; il faut qu'elle ait par conséquent une causalité par laquelle elle détermine la sensibilité conformément à ses principes. Mais il est tout à fait impossible de comprendre, c'est-à-dire d'expliquer *a priori*, comment une simple idée, qui ne contient même en elle rien de sensible, produit un sentiment de plaisir ou de peine, car c'est là une espèce particulière de causalité, dont nous ne pouvons, comme de toute causalité, rien absolument déterminer *a priori*, mais au sujet de laquelle nous ne devons consulter que l'expérience. Or, comme cette dernière ne peut offrir de rapport de cause à effet qu'entre deux objets d'expérience, et comme ici la raison pure doit être par de simple idées (qui ne fournissent point d'objets pour l'expérience) la cause d'un effet qui assurément se trouve dans l'expérience, il nous est, à nous autres hommes, tout à fait impossible d'expliquer comment et pourquoi l'*universalité de la maxime comme loi*, par suite la moralité, nous intéresse. La seule chose certaine, c'est que la moralité ne vaut pas pour nous *parce qu'elle présente un intérêt* (car c'est là une hétéronomie et une dépendance de la raison pratique à l'égard de la sensibilité, c'est-à-dire à l'égard d'un sentiment qui jouerait le rôle de principe, auquel cas elle ne pourrait jamais établir de législation morale), mais c'est que la moralité présente un intérêt parce qu'elle vaut pour nous en tant qu'hommes, car c'est de notre volonté, conçue comme intelligence, par suite de notre véritable moi, qu'elle est née, or *ce qui appartient au simple phénomène est nécessairement subordonné par la raison à la nature de la chose en soi.*

Donc à la question : comment un impératif catégorique est-il possible ? on peut assurément répondre dans cette mesure, que l'on peut indiquer la seule supposition dont dépend sa possibilité, à savoir l'idée de la liberté, et que l'on peut encore apercevoir la nécessité de cette supposition, ce qui pour l'*usage pratique* de la raison, c'est-à-dire pour la conviction de la *validité de cet impératif*, et par suite aussi de la loi morale, est suffisant ; mais comment cette supposition même est possible, c'est ce qui ne se laissera jamais apercevoir d'aucune raison humaine. Supposé que la volonté d'une intelligence est libre, il en résulte alors nécessairement son autonomie, comme la condition formelle qui est la seule sous laquelle elle peut être déterminée. Il n'est pas seulement fort *possible* (comme peut le montrer la philosophie spéculative) de supposer le liberté de la volonté (sans tomber en contradiction avec le principe de la nécessité naturelle dans la liaison des phénomènes du monde sensible), mais encore il est *nécessaire*, sans autre condition, à un être qui a conscience de sa causalité par la raison, par conséquent d'une volonté (distincte des désirs) de l'admettre pratiquement, c'est-à-dire en idée, sous toutes ses actions volontaires, à titre de condition. Or *comment* une raison pure, sans autres mobiles d'où qu'ils soient tirés, peut par elle-même être pratique, c'est-à-dire comment le simple *principe de la validité universelle de toutes ses maximes comme lois* (lequel serait assurément la forme d'une raison pure pratique), sans aucune matière (objet) de la volonté à quoi on puisse prendre d'avance quelque intérêt, peut par lui-même fournir un mobile et produire un intérêt qui peut être dit purement moral ; ou, en d'autres termes, *comment une raison pure peut être pratique*, expliquer cela, c'est ce dont est absolument incapable toute raison humaine, et toute peine, tout travail pour en chercher l'explication, est en pure perte.

C'est absolument comme si je m'appliquais à découvrir comment la liberté même est possible comme causalité d'une volonté. Car ici j'abandonne le principe d'explication philosophique, et je n'en ai pas d'autre. Assurément je pourrais aller courir des aventures dans le monde intelligible, qui me reste encore, dans le monde des intelligences ; mais quoique j'en aie une *idée*, et bien fondée, je n'en ai pas toutefois la moindre *connaissance*, et il est également impossible que jamais j'en obtienne aucune par tout l'effort de ma raison naturelle. Cette idée ne signifie qu'un quelque chose qui subsiste, lorsque j'ai exclu des principes de détermination de ma volonté tout ce qui appartient au monde sensible, de façon simplement à restreindre le principe des mobiles tirés du champ de la sensibilité, en limitant ce champ et en montrant qu'il ne comprend pas en lui le tout du tout, et qu'en dehors de lui il y a plus d'une chose encore ; mais ce plus, je n'en sais pas davantage. De la raison pure qui conçoit cet idéal, il me reste, quand j'ai fait abstraction de toute matière, c'est-à-dire de toute connaissance des objets, que la forme, c'est-à-dire la loi pratique de la validité universelle des maximes, et, en conformité avec elle, la conception de la raison, considérée, par rapport à un monde intelligible pur, comme une cause efficiente possible, c'est-à-dire une cause déterminant la volonté, ici le mobile doit faire entièrement défaut; à moins que cette idée d'un monde intelligible ne soit elle-même le mobile, ou ce à quoi la raison prend originairement un intérêt; mais expliquer cela, c'est précisément le problème que nous ne pouvons résoudre.

Ici donc est la limite extrême de toute investigation morale. Or la déterminer, c'est déjà même de grande importance, afin que, d'une part, la raison n'aille pas dans le monde sensible, au préjudice de la moralité, errer à la recherche du motif suprême de la détermination et d'un intérêt compréhensible sans doute, mais empirique, et que, d'autre part, elle n'aille pas battre vainement des ailes, sans changer de place, dans cet espace de concepts transcendants, vide pour elle, qui s'appelle le monde intelligible, et qu'elle ne se perde pas parmi les chimères. D'ailleurs l'idée d'un monde intelligible pur, conçu comme un tout formé de toutes les intelligences, dont nous faisons partie nous-mêmes comme êtres raisonnables (quoique d'autre part nous soyons membres aussi du monde sensible), reste toujours une idée d'un usage possible et licite en vue d'une croyance rationnelle, quoique tout savoir se termine à la frontière de ce monde; par le magnifique idéal d'un règne universel des *fins en soi* (des êtres raisonnables), dont nous ne pouvons faire partie comme membres qu'en ayant soin de nous conduire d'après les maximes de la liberté comme si elles étaient des lois de la nature, elle est destinée à produire en nous un vif intérêt pour la loi morale.

REMARQUE FINALE

L'usage spéculatif de la raison, *par rapport à la nature*, conduit à l'absolue nécessité de quelque cause suprême du monde; l'usage pratique de la raison, à *l'égard de la liberté*, conduit aussi à une absolue nécessité, mais qui est seulement la nécessité *des lois des actions* d'un être raisonnable, comme tel. Or c'est un *principe* essentiel de tout usage de notre raison, que de pousser la connaissance qu'elle nous donne jusqu'à la conscience de sa *nécessité* (car sans cela ce ne serait pas une connaissance de la raison). Mais la même raison est soumise également à une *restriction* tout aussi essentielle, qui consiste en ce qu'elle ne peut apercevoir la nécessité ni de ce qui est ou de ce qui arrive, ni de ce qui doit arriver, sans poser comme principe une *condition* sous laquelle cela est, ou arrive, ou doit arriver. Mais de la sorte, par la perpétuelle poursuite

de la condition, la raison ne peut que voir sa satisfaction toujours ajour-
née. Aussi cherche-t-elle sans relâche le nécessaire inconditionné, et se
voit-elle forcée de l'admettre, sans aucun moyen de se le rendre compréhensible, trop heureuse si elle peut seulement découvrir le concept
qui s'accorde avec cette supposition. Il n'y a donc pas de reproche à
faire à notre déduction du principe suprême de la moralité, c'est plutôt à la raison humaine en général qu'il faudrait s'en prendre, si nous
ne réussissons pas à expliquer une loi pratique inconditionnée (telle
que doit être l'impératif catégorique) dans sa nécessité absolue. On ne
saurait, en effet, nous blâmer de ne pas pouvoir le faire au moyen d'une
condition, c'est-à-dire de quelque intérêt posé comme principe, car ce
ne serait plus alors une loi morale, c'est-à-dire une loi suprême de la liberté. Et ainsi nous ne comprenons pas sans doute la nécessité pratique
inconditionnée de l'impératif moral, mais nous comprenons du moins
son *incompréhensibilité*, et c'est tout ce qu'on peut exiger raisonnable-
ment d'une philosophie qui s'efforce d'atteindre dans les principes aux
limites de la raison humaine.

RÉPONSE À LA QUESTION :
QU'EST-CE QUE LES LUMIÈRES ?

Les Lumières sont ce qui fait sortir l'homme de la minorité qu'il doit s'imputer à lui-même. La minorité consiste dans l'incapacité où il est de se servir de son intelligence sans être dirigé par autrui. Il doit *s'imputer* à lui-même cette minorité, quand elle n'a pas pour cause le manque d'intelligence, mais l'absence de la résolution et du courage nécessaires pour user de son esprit sans être guidé par un autre. *Sapere aude*, aie le courage de te servir de ta *propre* intelligence ! Voilà donc la devise des Lumières.

La paresse et la lâcheté sont les causes qui font qu'une si grande partie des hommes, après avoir été depuis longtemps affranchis par la nature de toute direction étrangère (*naturaliter majorennes*), restent volontiers mineurs toute leur vie, et qu'il est si facile aux autres de s'ériger en tuteurs. Il est si commode d'être mineur ! J'ai un livre qui a de l'esprit pour moi, un directeur qui a de la conscience pour moi, un médecin qui juge pour moi du régime qui me convient, etc. ; pourquoi me donnerais-je de la peine ? Je n'ai pas besoin de penser, pourvu que je puisse payer ; d'autres se chargeront pour moi de cette ennuyeuse occupation. Que la plus grande partie des hommes (et avec eux le beau sexe tout entier) tiennent pour difficile, même pour très dangereux, le passage de la minorité à la majorité, c'est à quoi visent avant tout ces tuteurs qui se sont chargés avec tant de bonté de la haute surveillance de leurs semblables. Après les avoir d'abord abêtis en les traitant comme des animaux domestiques et avoir pris toutes leurs précautions pour que ces paisibles créatures ne puissent tenter un seul pas hors de la charrette où ils les tiennent enfermés, ils leur montrent ensuite le danger qui les menace s'ils essayent de marcher seuls. Or ce danger n'est pas sans doute aussi grand qu'ils veulent bien le dire, car au prix de quelques chutes, on finirait bien par apprendre à marcher ; mais un exemple de ce genre rend timide et dégoûte ordinairement de toute tentative ultérieure.

Beantwortung der Frage: Was ist Aufklärung?

„**A**ufklärung ist der Ausgang des Menschen aus seiner selbst verschuldeten Unmündigkeit. Unmündigkeit ist das Unvermögen, sich seines Verstandes ohne Leitung eines andern zu bedienen. Selbst verschuldet ist diese Unmündigkeit, wenn die Ursache derselben nicht am Mangel des Verstandes, sondern der Entschließung und des Muthes liegt, sich seiner ohne Leitung eines andern zu bedienen. Sapere aude! Habe Muth, dich deines eigenen Verstandes zu bedienen! ist also der Wahlspruch der Aufklärung.

Faulheit und Feigheit sind die Ursachen, warum ein so großer Theil der Menschen, nachdem sie die Natur längst von fremder Leitung frei gesprochen (naturaliter majorennes), dennoch gerne Zeitlebens unmündig bleiben; und warum es Anderen so leicht wird, sich zu deren Vormündern aufzuwerfen. Es ist so bequem, unmündig zu seyn. Habe ich ein Buch, das für mich Verstand hat, einen Seelsorger, der für mich Gewissen hat, einen Arzt, der für mich die Diät beurtheilt, u. s. w, so brauche ich mich ja nicht selbst zu bemühen.

2ter Band.   X ₹

**Première page de l'édition de 1799 de *Réponse à la question :
Qu'est ce que les Lumières ?***

Il est donc difficile pour chaque individu en particulier de travailler à sortir de la minorité qui lui est presque devenue une seconde nature. Il en est même arrivé à l'aimer, et provisoirement il est tout à fait incapable de se servir de sa propre intelligence, parce qu'on ne lui permet jamais d'en faire l'essai. Les règles et les formules, ces instruments mécaniques de l'usage rationnel, ou plutôt de l'abus de nos facultés naturelles, sont les fers qui nous retiennent dans une éternelle minorité. Qui parviendrait à s'en débarrasser ne franchirait encore que d'un saut mal assuré les fossés les plus étroits, car il n'est pas accoutumé à d'aussi libres mouvements. Aussi, n'arrive-t-il qu'à bien peu d'hommes de s'affranchir de leur minorité par le travail de leur propre esprit, pour marcher ensuite d'un pas sûr.

Mais que le public s'éclaire lui-même, c'est ce qui est plutôt possible ; cela même est presque inévitable, pourvu qu'on lui laisse la liberté. Car alors il se trouvera toujours quelques libres penseurs, même parmi les tuteurs officiels de la foule, qui, après avoir secoué eux-mêmes le joug de la minorité, répandront autour d'eux cet esprit qui fait estimer au poids de la raison la vocation de chaque homme à penser par lui-même et la valeur personnelle qu'il en retire. Mais il est curieux de voir le public, auquel ses tuteurs avaient d'abord imposé un tel joug, les contraindre ensuite eux-mêmes de continuer à le subir, quand il y est poussé par ceux d'entre eux qui sont incapables de toute Lumière. Comme il est dangereux de semer des préjugés ! Car ils finissent par retomber sur leurs auteurs ou sur les successeurs de leurs auteurs. Le public ne peut donc arriver que lentement aux Lumières. Une révolution peut bien amener la chute du despotisme d'un individu et de l'oppression d'un maître cupide ou ambitieux, mais jamais une véritable réforme dans la façon de penser ; de nouveaux préjugés serviront, tout aussi bien que les anciens, à conduire les masses aveugles.

La diffusion des Lumières n'exige autre chose que la *liberté*, et encore la plus inoffensive de toutes les libertés, celle de faire *publiquement usage* de sa raison en toutes choses. Mais j'entends crier de toutes parts : *ne raisonnez pas !* L'officier dit : ne raisonnez pas, mais exécutez ; le financier : ne raisonnez pas, mais payez ; le prêtre : ne raisonnez pas, mais croyez. (Il n'y a qu'un seul maître dans le monde qui dise : raisonnez tant que vous voudrez et sur tout ce que vous voudrez, *mais obéissez*.) Là est en général la limite de la liberté. Mais quelle limite est un obstacle pour les Lumières ? Quelle limite, loin de les entraver, les favorise ?

— Je réponds : l'usage *public* de sa raison doit toujours être libre, et seul il peut répandre les Lumières parmi les hommes ; mais l'usage *privé* peut souvent être très étroitement limité, sans nuire beaucoup pour cela aux progrès des Lumières. J'entends par usage public de sa raison celui qu'en fait quelqu'un, *à titre de savant*, devant le public entier des *lecteurs.* J'appelle au contraire usage privé celui qu'il peut faire de sa raison dans un certain *poste civil* ou une certaine fonction qui lui est confiée. Or il y a beaucoup de choses, intéressant la chose publique, qui veulent un certain mécanisme, ou qui exigent que quelques membres de la société se conduisent d'une manière purement passive, afin de concourir, en entrant pour leur part dans la savante harmonie du gouvernement, à certaines fins publiques, ou du moins pour ne pas les contrarier. Ici sans doute il n'est pas permis de raisonner, il faut obéir. Mais, en tant qu'ils se considèrent comme membres de toute une société, et même de la société générale des hommes, par conséquent en qualité de savants, s'adressant par des écrits à un public dans le sens propre du mot, ces mêmes hommes, qui font partie de la machine, peuvent raisonner, sans porter atteinte par là aux affaires auxquelles ils sont en partie dévolus, comme membres passifs. Il serait fort déplorable qu'un officier, ayant reçu un ordre de son supérieur, voulût raisonner tout haut, pendant son service, sur la convenance ou l'utilité de cet ordre ; il doit obéir. Mais on ne peut équitablement lui défendre, comme savant, de faire ses remarques sur les fautes commises dans le service de la guerre, et de les soumettre au jugement de son public. Un citoyen ne peut refuser de payer les impôts dont il est frappé ; on peut même punir comme un scandale (qui pourrait occasionner des résistances générales) un blâme intempestif des droits qui doivent être acquittés par lui. Mais pourtant il ne manque pas à son devoir de citoyen en publiant, à titre de savant, sa façon de penser sur l'inconvenance ou même l'iniquité de ces impositions. De même un ecclésiastique est obligé de suivre, en s'adressant aux élèves auxquels il enseigne le catéchisme, ou à ses paroissiens, le symbole de l'Église qu'il sert ; car il n'a été nommé qu'à cette condition. Mais, comme savant, il a toute liberté, et c'est même sa vocation, de communiquer au public toutes les pensées qu'un examen sévère et consciencieux lui a suggérées sur les vices de ce symbole, ainsi que ses projets d'amélioration touchant les choses de la religion et de l'Église. Il n'y a rien là d'ailleurs qui puisse être un fardeau pour sa conscience. Car ce qu'il enseigne en vertu de sa charge, comme fonctionnaire de l'Église, il ne le présente pas comme quelque chose sur quoi il ait la libre faculté d'enseigner ce qui lui paraît bon, mais comme ce qu'il a la mission d'exposer d'après l'ordre et au nom d'autrui. Il dira : notre Église enseigne ceci ou cela ; voilà les preuves dont elle se sert. Il montrera alors toute l'utilité pratique que ses paroissiens peuvent retirer d'institutions auxquelles il ne souscrirait pas lui-même avec une entière conviction, mais qu'il peut néanmoins s'engager à exposer, parce qu'il n'est pas du tout impossible qu'il n'y ait là quelque vérité cachée, et que dans tous les cas du moins on n'y trouve rien de contraire à la religion intérieure. Car, s'il croyait y trouver quelque chose de pareil, il ne pourrait remplir ses fonctions en conscience ; il devrait les déposer. L'usage qu'un homme chargé d'enseigner fait de sa raison devant ses paroissiens est donc simplement un *usage privé* ; car ceux-ci ne forment jamais qu'une assemblée domestique, si grande qu'elle puisse être, et sous ce rapport, comme prêtre, il n'est pas libre et ne peut pas l'être, puisqu'il exécute un ordre étranger. Au contraire, comme savant, s'adressant par des écrits au public proprement dit, c'est-à-dire au monde, ou *dans l'usage public de sa raison*, l'ecclésiastique jouit d'une liberté illimitée de se servir de sa propre raison et de parler en son propre nom. Car vouloir que les tuteurs du peuple (dans les choses spirituelles) restent eux-mêmes toujours mineurs, c'est une absurdité qui tend à éterniser les absurdités.

Mais une société de prêtres, telle qu'une assemblée ecclésiastique, ou une classe vénérable (comme elle s'appelle elle-même chez les Hollandais), n'aurait-elle donc pas le droit de s'engager par serment à rester fidèle à un certain symbole immuable, afin d'exercer ainsi sur chacun de ses membres, et, par leur intermédiaire, sur le peuple, une tutelle supérieure qui ne discontinuât point, et qui même fût éternelle ? Je dis que cela est tout à fait impossible. Un pareil contrat, qui aurait pour but d'écarter à jamais de l'espèce humaine toute Lumière ultérieure, serait nul et de nul effet, fût-il confirmé par le souverain pouvoir, par les diètes du royaume et par les traités de paix les plus solennels. Un siècle ne peut s'engager, sous la foi du serment, à transmettre au siècle suivant un état de choses qui interdise à celui-ci d'étendre ses connaissances (surtout quand elles sont si pressantes), de se débarrasser de ses erreurs, et en général d'avancer dans la voie des Lumières. Ce serait un crime contre la nature humaine, dont la destination originelle consiste précisément dans ce progrès ; et par

conséquent les générations suivantes auraient parfaitement le droit de
rejeter ces sortes de traités comme arbitraires et impies. La pierre de
touche de tout ce que l'on peut ériger en loi pour un peuple est dans
cette question : ce peuple pourrait-il bien s'imposer à lui-même une
pareille loi ? Or, en attendant en quelque sorte une loi meilleure, il pourrait bien adopter pour un temps court et déterminé une loi analogue
à celle dont nous venons de parler, afin d'établir un certain ordre ;
encore faudrait-il que, pendant toute la durée de l'ordre établi, il lais-
sât à chacun des citoyens, particulièrement aux ecclésiastiques, la
liberté de faire publiquement, en qualité de savants, c'est-à-dire dans
des écrits, leurs remarques sur les vices des institutions actuelles,
jusqu'à ce que ces sortes d'idées eussent fait de tels progrès dans le
public que l'on pût, en réunissant les suffrages (quand même ils ne
seraient pas unanimes), soumettre à la Couronne le projet de prendre
sous sa protection, sans gêner en rien tous ceux qui voudraient s'en
tenir à l'ancienne constitution religieuse, tous ceux qui s'accorderaient
dans l'idée de la réformer. Mais se concerter, ne fût-ce que pour la durée
de la vie d'un homme, afin d'établir une constitution religieuse immuable que personne ne puisse mettre publiquement en doute, et
enlever par là en quelque sorte un espace de temps au progrès de l'humanité dans la voie des améliorations, le rendre stérile et même funeste
pour la postérité, c'est ce qui est absolument illégitime. Un homme peut
bien différer quelque temps de s'éclairer personnellement sur ce qu'il
est obligé de savoir ; mais renoncer aux Lumières, soit pour soi-même,
soit surtout pour la postérité, c'est violer et fouler aux pieds les droits
sacrés de l'humanité. Or ce qu'un peuple ne peut pas décider pour lui-
même, un monarque le peut encore moins pour le peuple, car son autorité législative repose justement sur ce qu'il réunit dans sa volonté
toute la volonté du peuple. Pourvu qu'il veille à ce qu'aucune amélioration véritable ou supposée ne trouble l'ordre civil, il peut d'ailleurs
laisser ses sujets libres de faire eux-mêmes ce qu'ils croient nécessaire
pour le salut de leur âme. Cela ne le regarde en rien, et la seule chose
qui le doive occuper, c'est que les uns ne puissent empêcher violem-
ment les autres de travailler de tout leur pouvoir à déterminer et à
répandre leurs idées sur ces matières. Il fait même tort à sa majesté en
se mêlant de ces sortes de choses, c'est-à-dire en jugeant dignes de
ses augustes regards les écrits où ses sujets cherchent à mettre leurs
connaissances en lumière, soit qu'il invoque en cela l'autorité souve-

raine de son propre esprit, auquel cas il s'expose à cette objection : *Cæsar non est supra grammaticos*[39], soit surtout qu'il ravale sa puissance suprême jusqu'à protéger dans son État, contre le reste de ses sujets, le despotisme ecclésiastique de quelques tyrans.

Si donc on demande : vivons-nous aujourd'hui dans un *siècle éclairé ?* je réponds : non, mais bien dans un *siècle de Lumières*. Il s'en faut de beaucoup encore que, dans le cours actuel des choses, les hommes, pris en général, soient déjà en état ou même puissent être mis en état de se servir sûrement et bien, sans être dirigés par autrui, de leur propre intelligence dans les choses de religion ; mais qu'ils aient aujourd'hui le champ ouvert devant eux pour travailler librement à cette œuvre, et que les obstacles, qui empêchent la diffusion générale des Lumières ou retiennent encore les esprits dans un état de minorité qu'ils doivent s'imputer à eux-mêmes, diminuent insensiblement, c'est ce dont nous voyons des signes manifestes. Sous ce rapport, ce siècle est le Siècle des Lumières ; c'est le siècle de *Frédéric*[40].

Un prince qui ne croit pas indigne de lui de dire qu'il regarde comme un devoir de ne rien prescrire aux hommes dans les choses de religion, mais de leur laisser à cet égard une pleine liberté, et qui par conséquent ne repousse pas le noble mot de tolérance, est lui-même éclairé et mérite d'être loué par le monde et la postérité reconnaissante, comme celui qui, le premier, du moins du côté du gouvernement, a affranchi l'espèce humaine de son état de minorité, et a laissé chacun libre de se servir de sa propre raison dans tout ce qui est affaire de conscience. Sous son règne, de vénérables ecclésiastiques, sans nuire aux devoirs de leur profession, et, à plus forte raison, tous les autres qui ne sont gênés par aucun devoir de ce genre, peuvent, en qualité de savants, soumettre librement et publiquement à l'examen du monde leurs jugements et leurs vues, bien qu'ils s'écartent sur tel ou tel point du symbole reçu. Cet esprit de liberté se répand aussi hors de chez nous, là même où il a à lutter contre les obstacles extérieurs d'un gouvernement qui entend mal son devoir ; car le nôtre offre une preuve éclatante qu'il n'y a absolument rien à craindre de la liberté pour la paix publique et l'harmonie des citoyens. Les hommes travaillent d'eux-

---

39. « César n'est pas au-dessus des grammairiens », c'est-à-dire : le souverain n'a pas d'autorité sur le savoir.
40. Frédéric le Grand. Voir « Le contexte ».

mêmes à sortir peu à peu de la barbarie, pourvu qu'on ne s'applique pas à les y retenir.

J'ai placé dans les *choses de religion* le point important des Lumières, qui font sortir les hommes de l'état de minorité qu'ils se doivent à eux-mêmes, parce que, quant aux arts et aux sciences, notre souverain n'a aucun intérêt à exercer une tutelle sur ses sujets, et surtout parce que cet état de minorité est non seulement le plus funeste, mais encore le plus avilissant de tous. Mais la façon de penser d'un chef d'État, qui favorise les arts et sciences, va plus loin encore : il voit que, même pour sa *législation*, il n'y a aucun danger à permettre à ses sujets de faire *publiquement* usage de leur propre raison et de publier leurs pensées sur les améliorations qu'on y pourrait introduire, même de faire librement la critique des lois déjà promulguées ; nous en avons aussi un éclatant exemple dans le monarque auquel nous rendons hommage, et qui ne s'est laissé devancer en cela par aucun autre.

Mais aussi celui-là seul qui, en même temps qu'il est lui-même éclairé et n'a pas peur de son ombre, a sous la main pour garant de la paix publique une armée nombreuse et parfaitement disciplinée, celui-là peut dire ce que n'oserait pas dire une république : *raisonnez tant que vous voudrez et sur tout ce que vous voudrez, seulement obéissez.* Les choses humaines suivent ici un cours étrange et inattendu, comme on le voit souvent d'ailleurs, quand on les envisage en grand, car presque tout y est paradoxal. Un degré supérieur de liberté civile semble favorable à la liberté de l'*esprit* du peuple, et pourtant lui oppose des bornes infranchissables ; un degré inférieur, au contraire, lui ouvre un libre champ où il peut se développer tout à son aise. Lorsque la nature a développé, sous sa dure enveloppe, le germe sur lequel elle veille si tendrement, à savoir le penchant et la vocation de l'homme pour la *liberté de penser*, alors ce penchant réagit insensiblement sur les sentiments du peuple (qu'il rend peu à peu davantage capable de la *liberté d'agir*), et enfin sur les principes mêmes du *gouvernement*, lequel trouve son propre avantage à traiter l'homme, qui *n'est plus alors une machine*, conformément à sa dignité.

BIBLIOGRAPHIE

DELEUZE, GILLES (1963). *La philosophie critique de Kant.* Paris, PUF.

ECO, UMBERTO (1999). *Kant et l'ornithorynque.* Paris, Grasset.

KANT, EMMANUEL (2003). *Critique de la raison pratique* [1788]. Paris, Flammarion.

KANT, EMMANUEL (1995). *Critique de la faculté de juger* [1790]. Paris, Aubier.

KANT, EMMANUEL (1994). *Métaphysique des mœurs* [1796-1797]. Paris, Flammarion.

KANT, EMMANUEL (2007). *Essai philosophique sur la paix perpétuelle* [1795]. Anjou, CEC.

MILL, JOHN STUART (2009). *L'utilitarisme* [1871]. Anjou, CEC.

RAWLS, JOHN (2009). *Théorie de la justice* [1971]. Paris, Points.

VEILLETTE, CLAUDE (2010). *Entre bonheur et liberté.* Anjou, CEC.